AF613570

Gaetano Sgalambro

Abbiamo una Costituzione

Ideologie, partiti e coscienza democratica costituzionale

ZeroBook
2019

Titolo originario: *Abbiamo una Costituzione* / di Gaetano Sgalambro

Questo libro è stato edito da **ZeroBook**: www.zerobook.it.
Prima edizione: ottobre 2019
ebook ISBN 978-88-6711-163-3
book ISBN 978-88-6711-164-0

Copertina: immagine d'origine Pixabay, ribandierizzata, © ZeroBook, 2019. Sono stati utilizzati i font: Alegreya, e Franklin Gothic Heavy (per i titoli principali).

Controllo qualità **ZeroBook**: se trovi un errore, segnalacelo!
Email: zerobook@girodivite.it

Indice generale

Prefazione

Il pensionamento mi ha consentito di riprendere in mano il filo delle speranze liceali di potere addivenire a una società più democratica e solidale, nate dagli insegnamenti sociali di Giorgio La Pira e Igino Giordani. Tenute chiuse nel cassetto nel corso dell'attività professionale, sono state ugualmente alimentate dal mio fornire un infinitesimale appoggio alle posizioni delle formazioni politiche dette progressiste, perché ritenute mani capaci di curarle. Anche perché ero convinto, ad orecchio, che fossero costituzionalmente sostenibili.

Se non che, già nell'ultimo decennio di professione, avevo accumulato tante riserve sulla qualità complessiva delle loro sorti reali da portarmi lontano dall'area progressista e da bloccarmi nel limbo di coloro che votano scheda bianca.

Appena le ho tirate fuori dal cassetto, avutone il tempo, mi sono accorto che il loro lievito era ancora in fermento. Tuttavia, poiché i suoi frutti reali corrispondevano ben poco alla concretizzazione delle potenzialità da me attese, ho voluto cercare quale fossero state le criticità che ne avevano ammosciato la crescita nella società. Senza escludere una mia elaborazione esageratamente utopica degli insegnamenti del professore La Pira.

Da qui ho incominciato una sorta di analisi introspettiva circa la fondatezza storica delle mie convinzioni politiche e sociali, ovverosia delle vere ragioni del mio essere di parte.
La inizio con lo studio della Costituzione Italiana, assunta quale punto cardinale di riferimento della nostra democrazia e del modo di viverla, oltre che del modo in cui è stata vissuta, dove ho trovato subito la conferma della piena legittimità delle mie speranze giovanili; vi ho associato un riordino degli eventi bellici e parabellici che l'avevano determinata; l'ho conclusa riepilogando i paralleli e susseguenti atti della politica italiana, verificandone la rispondenza sia con gli indirizzi di principio costituzionali, sia con gli effetti pratici sul destino del paese.
Il tutto mi ha portato a leggere nella nostra realtà storica, a prescindere dalle narrazioni politiche e mediatiche, tre piani principali: il piano geopolitico, il più importante, prima dominato dalle potenze egemoniche vincitrici del II° conflitto mondiale, che disegnano i confini fisici, i destini statuali, politici e gli indirizzi ideologici dei paesi sconfitti, i nostri compresi, e a seguire dalle superpotenze economiche (le stesse vincitrici); il piano politico nazionale, piano di mezzo, dove opera la classe dirigente con il suo modo di relazionarsi col primo e di auto promozionarsi per farsi legittimare dai cittadini; il piano sociale, il terzo, importante per la fattualità del paese, dove operano le istituzioni intermedie e periferiche dello stato e i cittadini, i quali sono chiamati a legittimare al parlamento la classe politica per dovere democratico e debbono mandare avanti se stessi, la famiglia e insieme il paese. Alla fine analizzo questi tre piani con l'occhio del fisiopatologo della democrazia costituzio-

nale, che ha un angolo di visuale ristretto per la necessità di essere specifico, e ho visto che la nuova classe politica, volendo misconoscere la sua sudditanza alle potenze vincitrici del II° conflitto mondiale, invece di riscattarsi puntando tutto sulla realizzazione sostanziale, e non solo formale, dei nuovi valori democratici, in totale autoreferenzialità li contrabbanda, in successione, con diverse liturgie retoriche. La prima è epica, addirittura pseudo-risorgimentale, e raggiunge l'acme allorché rivendica il co-merito pieno nel crollo del sistema fascista e la piena paternità del progetto costituzionale -le cui radici sono in massima parte altrove-; segue, subito dopo, quella ideologica; e in tempi a noi più vicini, quella para-costituzionale.

Ho visto pure un paese che dopo la fine della ricostruzione postbellica continua a stare con le maniche rimboccate e che da solo, nonostante si porti appresso tutti i suoi difetti, che non sono pochi, entra meritevolmente all'ultimo posto dei G7.

Nel frattempo la politica perde del tutto la concezione del paese-impresa, al cui futuro è indispensabile provvedere, e per legittimarsi soddisfa le questioni minime di un paese-condominio, che riscuotono i facili consensi degli elettori interessati.

Gaetano Sgalambro

Abbiamo una Costituzione. Ideologie, partiti e coscienza democratica costituzionale

Il tramonto delle grandi ideologie

Il pensiero liberale moderno e l'ideologia marxista-leninista nella prima metà del XX secolo, in Europa, si sono sedimentati sul pensiero cristiano-protoliberale di cui era prevalentemente intrisa la cultura, vivificandone speranze politiche, economiche e sociali, fino a dare luogo ad un vero e proprio re-indottrinamento totale.
In alcune situazioni si erano già concretizzati politicamente in un corpo unico con entità nazionali, fino a formare Stati, quali USA e URSS, per condividerne immagini ed attese.
A partire dalla terza decade del Novecento, secondo la vulgata, sono stati indicati come moventi di tutte le lotte scatenatesi tra le superpotenze mondiali, laddove queste erano sottese da precisi interessi egemonici: commerciali, politici e strategico-militari. Così è stato per il Secondo conflitto mondiale, il cui esito è stato consegnato alla narrazione mediatica come il trionfo delle ideologie democratiche su quella totalitaria nazifascista (da questo momento il pensiero liberale assurge alla dignità d'ideologia!); per la successiva guerra fredda, esplosa tra le stesse superpotenze vincitrici del conflitto, USA e URSS in particolare, poi stabilizzatasi nell'equilibrio del terrore atomico. Quando, invece, gli USA la combattono nel nome dell'ideologia liberale e sotto il vessillo dell'anti-

comunismo e l'URSS in quello dell'ideologia marxista-leninista e sotto il vessillo dell'anticapitalismo.

La fusione fisica di ognuna di queste due ideologie con il proprio Stato e il loro reciproco intreccio per l'indissolubile contrapposizione politica, si conferma nel momento della scomparsa di una di esse. Infatti, entrambe, una risucchiata asimmetricamente nel declino storico dell'altra, perdono il ruolo di protagoniste assolute della scena politica internazionale.

Questo processo diventa evidente con il definitivo dissolvimento statuale e nazionale dell'URSS (anticipato da quello della Repubblica popolare tedesca -1989-), avvenuto per implosione nel 1991. Esso svuota di energia anche l'onda d'urto dell'ideologia liberale degli USA.

Era naturale che sparisse l'ideologia marxista-leninista, essendo crollato il pilastro storico su cui poggiava la sua credibilità politica: l'URSS. Ma non era naturale che ne venisse coinvolta la ideologia della superpotenza antagonista, solo perché si era svuotata del ruolo di controparte.

È come se tra le loro virtù, oltre all'essere lo strumento pervasivo della propria strategia internazionale, vi fosse stata anche la capacità di energizzare la forza di contrapposizione dell'altra.

Questi fenomeni secondo i media apparirono *ex abrupto* sulla scena internazionale e segnarono l'inizio della fase di "deideologizzazione", che, in particolare, spaesò la nostra politica per la perdita improvvisa dei suoi due punti cardinali di riferimento.

Verosimilmente, invece, alla loro base vi fu un processo molto più complesso di quanto non si fosse visto.

La fase involutiva del pensiero marxista-leninista venne segnalata dal segretario del PCI al seguito della fine della Primavera di Praga (1968) sotto i cingoli dei carrarmati sovietici e alle vicende polacche del 1981, quando dichiara: "la rivoluzione d'ottobre ha esaurito la sua spinta propulsiva" (Enrico Berlinguer, vedi documento in Appendice).

Per l'osservatore critico, invece, il punto di crollo apparve dovuto alla crisi del modello economico realizzato "oltre cortina". Infatti, dopo ripetuti fallimenti dei piani quinquennali di rilancio dei settori della produzione agricola e industriale leggera, fu inevitabile il formarsi del convincimento che, a prescindere da ogni possibile errore d'impostazione o di stima dei tecnici pianificatori, ciò fosse avvenuto per debolezza strutturale del "modello collettivista" di organizzazione del lavoro.

Da altra angolazione si può dire, anche, che il pensiero ideologico si sia esaurito perché non ci fu alcuno capace di aggiornarne le dottrine economiche e produttive e di tenerle al passo della rapida crescita della società, che esso stesso aveva saputo imprimerle.

Successivamente nei paesi di pensiero liberale si assiste alla diminuzione dell'attenzione al welfare e si evidenziavano gli effetti collaterali negativi di una florida economia sugli usi, costumi e consumi della società.

Pare che la scomparsa dell'ideologia antagonista liberi da ogni confronto il loro modello economico, il quale esplode in un neocapitalismo selvaggio: si privilegiano gli interessi privati a discapito del

rispetto dei sani principi liberali; vengono adottati, quali fattori moltiplicatori di ricchezza, princìpî sempre più esasperati di "privatizzazione" dei beni della collettività e di "deregulation" dei mercati; si apre una linea finanziaria speculativa, che si dissocia, sempre di più, dalla produttività e dall'economia reali.
Questo rapace processo di crescita economica (*Capitalismo egoista* - Oliver James) purtroppo si cronicizzerà. Mai più si tenterà di osservare l'equa distribuzione della maggiore ricchezza prodotta, né di sviluppare più adeguati progetti sociali e di solidarietà.
Il crollo del prestigio sociale della ricca economia liberale, quindi, iniziò con la scomparsa del modello di confronto marxista-leninista, in cui erano preponderanti gli obiettivi sociali, che però erano pagati a carissimo prezzo delle libertà personali.
Il declino comune, sia pure asimmetrico, dei due pensieri politico-ideologici, in conclusione, appare segnato l'uno dalla scarsa fortuna del suo modello economico, l'altro dal cattivo uso fatto delle sue ricchezze.

Un'altra concausa del fenomeno involutivo che coinvolgerà l'universo ideologico e politico, che in Italia si perpetuerà fino ai nostri giorni, si può cogliere solo con una lente antropologica. Secondo quest'ottica, esso appare correlato alla progressiva diluizione della qualità culturale del pensiero politico, nella misura in cui questo si allontana dalla generazione dei padri costituenti. Le sorti della politica passano dagli uomini di progetto (rivoluzionari o meno, ma sempre o creatori o straordinari curatori di ideologie e/o di Stati) a uomini che sono solo modesti amministratori "condominiali" dello Stato, incapaci di elaborare strategie generali di medio-lungo periodo, necessarie alle esigenze economiche, democratiche e solidaristiche di una società divenuta complessa e in rapida evoluzione.

Infatti dopo il primo Novecento incominciano a sparire dalla scena quei grandi pensatori e quei grandi statisti che, a partire dalla seconda metà del secolo precedente, avevano forgiato, nel bene e nel male, i modelli politici.

Da questo momento in poi, tutta la classe politica assume a denominatore comune due obiettivi primari: soddisfare l'interesse privato attingendo al patrimonio economico pubblico e controllando le laute committenze dello Stato; sapere mantenere fermo lo "status quo" tra le classi sociali, pur in presenza di una sempre più asimmetrica distribuzione delle ricchezze prodotte.

Su questa linea si è stabilizzata la politica: ha abbandonato ogni forma di "utopia sociale".

Il modello liberale-capitalista è segnato dallo sviluppo economico positivo, ma senza alcun controllo e limite corre il serio rischio di imboccare la strada del "tracollo per eccesso" (legge biologica che portò alla scomparsa dei mammut per la loro eccessiva dimensione). La passata crisi finanziaria internazionale, con le sue serie ripercussioni sociali, ne potrebbe rappresentare un primo sussulto.

Il modello marxista-anticapitalista si è concluso da non molto tempo in maniera opposta, che - parafrasando la stessa legge naturale - potremmo dire per "tracollo da insufficienza".

Ideologie, partiti e coscienza democratica costituzionale (o identitaria nazionale)

La fine del Secondo conflitto mondiale lascia l'Italia sconfitta e in un cumulo di macerie fisiche e morali; non esiste Stato; è in frantumi l'identità nazionale, vuoi monarchica o fascista; residuano un altissimo tasso di analfabetismo (70%) e una forte sperequazione sociale, prossima a tracimare in un cruento conflitto di classe. Il tutto ha come sfondo una diffusa povertà economica.
La sconfitta militare, tuttavia, regala agli italiani due provvidenziali occasioni:
- **la libertà politica dal ventennale regime fascista;**
- **la possibilità di potersi organizzare di colpo (con un salto culturale e storico di oltre un secolo) in un vero regime statuale democratico** (come quello conquistato con lunghe lotte e con il sangue dagli inglesi, francesi e nordamericani).

In questa prospettiva si impegnano tutte le forze attive della società. Il fronte d'impegno, purtroppo, non è molto ampio, né omogeneo. Lo zoccolo duro è composto dai componenti del "fronte armato antifascista", la Resistenza, che ideologicamente è diviso in coloro che si rifanno al modello di Stato democratico-liberale e in coloro, molto più convinti e numerosi, che si rifanno a quello democratico-popolare (marxista-leninista).

Il fatto che, al di là della comune istanza di libertà dal regime dittatoriale, il fronte armato antifascista non sia portatore di un condiviso progetto politico di Stato e di società è la contraddizione genetica che caratterizzerà fin dai primi giorni il corso del nuovo regime politico.

Infatti, sull'Europa postbellica non possono che sventolare le bandiere dei principali vincitori del conflitto mondiale, distribuite nei vari paesi secondo il disegno del patto di Yalta. Sul nostro viene issata quella americana e, quindi, in coerenza si deve erigere una repubblica di modello democratico-liberale, nonostante il vortice di contrastanti passioni politiche e sociali assorbite dalla Resistenza.
Il compito di strutturarlo viene assegnato all'elettiva Assemblea Costituente, nel cui organo interno, la "Commissione dei 75", si verifica una sorta di miracolo. Vi emerge e prevale, grazie al sostegno di alcuni politici illuminati, la posizione di quei pochi grandi uomini di pensiero presenti nel paese, che nell'interesse comune si sciolgono dai propri vincoli di appartenenza ideologica e pongono al centro del progetto del nuovo regime statuale l'uomo con i suoi valori. "...è lo Stato che deve servire all'uomo, non viceversa", è la loro nuova direttrice. Superano, così, ogni contrasto politico sul tipo di regime statuale da adottare, democratico-liberale o democratico-popolare. Inoltre in questa precisa prospettiva riescono a fondere insieme tutti gli intestini antagonismi politici, che, dopo avere

contraddistinto il movimento antifascista, ora stanno paralizzando i lavori dell'Assemblea Costituente, e a fare nascere **un'antropocentrica Costituzione della Repubblica Italiana**.

La nostra Costituzione, al di là degli accenti universalistici e messianici delle originarie **ideologie contestuali**, ha tutti gli attributi necessari per essere riconosciuta come la compiuta espressione di una nuova ideologia.
Infatti costituisce un progetto che compendia tutti i valori storici e moderni riguardanti l'uomo, la società e lo Stato, sistematicamente organizzati e armonicamente finalizzati.
Dello Stato ne sancisce gli inderogabili principi fondanti e i corrispondenti obiettivi finali; ne disegna la completa architettura istituzionale, con i diversi limiti e compatibilità di ogni suo organo, e ne norma le funzioni.
Essa si apre con i "Principi fondamentali", che stanno alla base e allo scopo finale di tutto l'ordinamento istituzionale e sociale e che hanno valore precettivo (di legge!).
I "**Principî**" assieme ai "**Diritti e Doveri del cittadino**" della prima delle sue due parti, di cui si compone, rappresentano un'assoluta novità rispetto ai principi proto-liberali dello Statuto Albertino della seconda metà dell'Ottocento e anticipano gli obiettivi finali del comunismo.
L'orientamento squisitamente antropocentrico –centrato sul riconoscimento sia dell'inviolabilità dei diritti umani civili e sociali del cittadino, validati da corrispondenti inderogabili doveri, sia sulla sua piena sovranità politica -— **e il carattere vincolante giuridico**

dei suoi principî e fini fanno della Costituzione Italiana l'istituzionalizzazione di un'originale e per certi aspetti rivoluzionaria concezione democratica di Stato e di società.

Essa costituisce il mirabile frutto di un nuovo pensiero politico-ideologico, dovuto a fortunose e preziose combinazioni culturali scaturite dalla guerra. Di questo pensiero ne costituisce la costante fonte con la pluralità dei processi normativi, insiti nei suoi valori e precetti, legiferabili, "magis ut valeant", nell'univoca direzione di una società compiutamente democratica (si legga in Appendice: La valutazione finale della Costituzione).

Di essa si può anche dire che nel suo insieme è una sintesi organica dei più significativi valori del pensiero cristiano, liberale, oltre che marxista-leninista.

Tuttavia non riuscirà mai a fiorire in tutti i suoi valori (umani, sociali, politici e solidali) perché resterà sommersa dalle ideologie contrapposte delle superpotenze su di noi vincitrici, anche quando queste sfumeranno nel tempo in forti correnti regionali d'interessi economici, né riuscirà a superare totalmente l'ostacolo della sostanziale incultura democratica dei partiti che la debbono gestire.

– La "sovranità politica piena" s'intende tale quando il cittadino ha anche la facoltà di accedere, senza intermediazione alcuna, a qualsiasi giurisdizione in difesa dei propri legittimi diritti, soggettivi o oggettivi che siano.

Il peccato originale

La Costituzione Italiana che segnò l'inizio della storia della repubblica doveva essere divulgata affinché su di essa gli italiani conformassero la loro coscienza democratica e doveva essere fatta propria dai nuovi parlamenti affinché sviluppassero i suoi mirabili principî, che aprivano a un mondo democratico perfettibile: "magis ut valeant".

Il compito maieutico di fare crescere i suoi valori democratici nella nuova società, per disposto costituzionale stesso, fu affidato ai nuovi partiti, i quali dovevano iniziare **con la messa in opera della nuova architettura degli organi dello Stato e della società; con l'avviarne il regolare e corretto funzionamento; con il promuovere la nascita della coscienza democratica identitaria in coerenza con i suoi principî e fini.**

Di questi tre compiti realizzarono solo il primo. Il secondo lo lasciarono soddisfatto in maniera incerta: l'avviamento avvenne, ma non nella completa direzione dei principî costituzionali. Il terzo è tuttora disatteso.

Purtroppo, essi avevano un patrimonio umano inidoneo a svolgere in maniera capillare ed efficace questo compito fondamentale: peccavano di bassa caratura culturale e scarsissima caratura democra-

tica. La militanza in ognuno di essi di alcuni dei pochissimi uomini colti e autorevoli della società, nei ruoli di leader, non era sufficiente a compensare i limiti contestuali di un analfabetismo del 70%. Inoltre, non potevano dominare le forti tensioni che nascevano da una disastrosa situazione socio-economica e che ne facevano un **fragile sistema politico**: rispondente meglio alle spinte politiche più radicali e massimaliste, che incline a recepire lenti processi di formazione democratica.
Per non dire dei forti e antitetici venti della "guerra fredda" che dall'URSS e dagli USA soffiavano su di loro per l'assestamento nei migliori posizionamenti strategici politico-militari.
Infatti l'Italia, situata nel bel mezzo del Mediterraneo ed al confine delle due "aree europee d'influenza" disegnate dal "Patto di Yalta", rappresentava un nevralgico punto strategico militare per entrambe le superpotenze.

Era questo il contesto storico strettamente condizionato da fattori geopolitici, reso più teso dalla minaccia di scontro armato tra USA e URSS, che rendeva impossibile evitare le loro prevaricazioni egemoniche sui modesti interessi di crescita costituzionale di un'Italietta sconfitta.
Era impossibile financo il pensare che in suddette condizioni potesse iniziare la crescita di **una nuova coscienza identitaria nazionale**, ancora prima di quella democratica lungo l'ortodosso percorso costituzionale, com'è avvenuto nei Paesi a democrazia avanzata.

Infatti, in queste condizioni i due partiti di massa, apparsi sul nuovo proscenio politico, mentre si dichiaravano entrambi antifascisti, sul terreno si schierarono lungo due fronti contrapposti, simbolicamente definiti dell'anticomunismo e dell'anticapitalismo. Ciascuno facente capo, in campo internazionale, a uno dei duellanti, USA o URSS, e in quello nazionale, alla cosiddetta borghesia o al proletariato.

In tale realtà financo i confronti sociali furono pervasi da questo spirito conflittuale, rendendone impraticabile un'equa soluzione sul terreno sindacale.

È entro questo contesto che la conoscenza e, conseguentemente, il rispetto sostanziale dei principi e dei fini della Costituzione Italiana passarono definitivamente in subordine.

Infatti è un dato incontrovertibile che la Costituzione Italiana tuttora sia scarsamente conosciuta. Dalla sua promulgazione (1 gennaio 1948) ad oggi non è mai rientrata nei programmi d'insegnamento scolastico come disciplina politica e democratica. Pochissimi l'hanno letta al di fuori degli ambienti specializzati.

Gli altri hanno imparato ad orecchio che è la raccolta di norme che regolano il funzionamento delle istituzioni dello Stato: né più, né meno di un manuale di gestione.

Così nacque, maturò e si è consolidò il "peccato originale" che corrose le fondamenta del pensiero politico-democratico italiano e che, ai giorni nostri, si è tradotto nel progressivo distacco di gran parte dei cittadini dai partiti, non più percepiti come portatori dei propri legittimi interessi.

Per queste originaria colpa, mai emendata, il paese sta pagando tuttora un alto costo in termini di ridotta coerenza ai propri valori costituzionali, di conseguente ridotta linearità e trasparenza del

suo quadro politico e, alla fine, di bassa qualità della progettualità politica.

Laddove, la verità storica avrebbe voluto che, in tempo reale, da parte degli uomini di cultura e, a tempo debito, da parte di tutti gli uomini politici, fosse stata denunziata questa condizione storica di subordinazione geopolitica.

Avrebbe significato riconoscere "il peccato originale" e potere aprire, quanto prima, la porta alla sua catarsi costituzionale.

Ciò, purtroppo, non è mai avvenuto.

Note storiche

1) La **Germania**, dopo la guerra, viene divisa tra le due maggiori superpotenze: l'URSS nella regione orientale instaura "ex novo" la "Repubblica democratica popolare tedesca" e vi dispiega il proprio esercito; gli USA nella regione occidentale ripristinano il vecchio Stato e vi installano le loro basi militari; le viene interdetto il riarmo militare e le vengono precluse a lungo importanti vie commerciali internazionali. Berlino viene divisa in quattro zone tra le truppe vincitrici, comprendenti quelle inglesi di diritto e della Francia un po' ad honorem.

2) Gli **USA** includono l'Italia nel "Patto atlantico"; vi installano le basi militari, puntando i loro missili su Mosca; ne usano i porti per le proprie portaerei e per i propri sommergibili. Nel contempo attuano una strategia diplomatica di "sostegno ambientale" alla loro presenza militare, mediante programmi nazionali di aiuti economici e finanziando direttamente il partito di maggioranza (DC) al governo. Questo anche per sostenere il carattere liberale delle nuo-

ve istituzioni e per evitare lo scivolare della gracile situazione sociale lungo il versante comunista.

3) L'**URSS**, che non se n'era stata con le mani in mano - si era già mossa prima della guerra e di seguito entro la Resistenza -, ancora una volta, non esita ad operarvi politicamente nonostante l'Italia fosse ricaduta nell'opposta area di influenza:

- rinsalda il "patto di fratellanza" del PCUS con il PCI, maggiore partito italiano di opposizione, in difesa della comune Madre Russia, allorché questa diventa vittima del "proditorio attacco militare" della Germania (settembre 1941), in violazione del Patto Molotov-Ribbentrop (agosto 1939);
- ne promuove con ogni mezzo (economico, logistico, formativo, ideologico, propagandistico) l'acquisizione del più vasto consenso popolare possibile nel nome della "dittatura del proletariato", alla quale è epidermicamente sensibile un significativo strato disabbiente della società;
- si cura che il "partito fratello" utilizzi la forza di pressione dell'ampio consenso acquisito come un efficace "cuscinetto politico" avverso l'uso della basi militari americane a suo danno.

Naturalmente, si guarda bene dallo spingere la situazione politica italiana oltre il limite ancora compatibile con il rispetto degli accordi di Yalta.

In altre parole, frena il PCI, contrariamente ai quotidiani pronunciamenti di piazza dello stesso ed alle strategie interne di diversi suoi gruppi, da tentazioni concretamente sovvertitrici del nuovo Stato liberale-democratico. Ciò avrebbe comportato la violazione degli accordi di Yalta e la conseguente immediata reazione militare degli USA.

Antifascismo e crisi della coscienza identitaria democratica

In un paese democratico il tasso patognomonico del livello di coscienza identitaria nazionale si misura dal grado medio di conoscenza e di adesione dei cittadini ai fondamentali principî e fini del solidale patto fondante del proprio Stato e dal grado di osservanza delle sue norme generali.
Per questo ritengo che in Italia la disconoscenza sistematica della Costituzione Italiana (vedi “Il peccato originale”) abbia fatto mancare le fondamenta ideologiche identitarie sia alla nuova coscienza nazionale sia allo sviluppo della coscienza democratica.

Se ne ignorano i principî e i corrispondenti obiettivi finali da perseguire, i valori umani, sociali e morali sui quali si fonda e se ne disconosce di conseguenza l'etica.
Eppure, nessuno si pone le seguenti domande: come mai il 2 e 3 giugno del 1946 si votò nello stesso tempo per il referendum repubblica/monarchia e per l'elezione dei membri dell'Assemblea Costituente? L'esito del referendum era stato preordinato? Allora, su quale base di volontà è stata codificata La Costituzione italiana e su quali valori è stata edificata la coscienza nazionale democratica, se

mai lo è stata? Quali valori surrettizi sono stati adoperati? Perché, a tutt'oggi, nessuno ritiene di dovere colmare tale grave lacuna?

A queste domande do una risposta, previa sintesi delle premesse storiche e delle considerazioni politiche che per me ne stanno alla base.

La **prima premessa** è che la sconfitta degli Stati nazifascisti e delle loro ideologie è avvenuta solo sul terreno militare ad opera degli eserciti alleati russo-anglo-americani e non su quello politico o culturale, come sarebbe stato più fisiologico.

La **seconda premessa** è che la Resistenza Italiana, braccio armato del pensiero Antifascista, non ha avuto l'effetto liberatorio determinante sull'esito nazionale del conflitto, come quello avvenuto nella Jugoslavia di Tito.

Tuttavia restano indiscutibili il suo prezioso appoggio dato agli eserciti alleati e l'alta valenza morale di molti dei suoi uomini, testimoni sia di coerenza estrema ai propri valori ideologici e politici, sia di amore per la libertà personale.

Le considerazioni vertono sui due limiti politici sinergici tra loro. Il primo consiste nel fatto che l'antifascismo-pensiero ha chiaro e definito solo l'obiettivo di abbattere il regime totalitario fascista, ma non quello di come sostituirlo. Il secondo, molto più concreto, consiste nel fatto che nella Resistenza, i cui uomini in buona parte condurranno nell'immediato postguerra la politica italiana, albergano diversi sentimenti di lotta.

Lo storico Claudio Pavone, con il quale concordano in molti, sostiene che ne abbia contenuti un coacervo: civile di liberazione, patriottica, ideologica e di classe.
In conclusione, le diverse ideologie che animano la Resistenza, al di là del contingente comune sentire ed agire antifascista, non condividono alcun altro obiettivo. Nella fattispecie la eterogeneità delle numerose istanze che la contraddistingue non può tradursi in un univoco progetto di democrazia e di Stato.
Ciò nonostante, a guerra finita appare la Costituzione Italiana, che supera i pregiudizi ideologici in essere e sancisce un univoco progetto di Stato, in grado di rispondere alle istanze di una nuova società politicamente poliedrica e a democrazia avanzata, grazie all'alto valore civile, politico e sociale dei suoi princìpî.
Si schiuse per L'Italia un nuovo orizzonte, dal quale, nonostante i numerosi passi avanti fatti, restiamo ancora lontani.

Infatti, oggi mi pare ragionevole valutare che quell'orizzonte non si sia dispiegato in tutta la sua estensione.
I partiti di massa restarono pervicacemente fermi nel volere conformare la coscienza democratica della società sul valore dell'antifascismo, testimoniandolo con gli eroismi della Resistenza, "ad hoc" narrati come decisivi per la liberazione dell'Italia (del Nord).
Perché intrapresero il nuovo corso della politica con lo sguardo rivolto all'indietro verso l'antifascismo, e non, come avrebbero dovuto, avanti verso i valori della nuova Costituzione?
Primo, perché l'anti-nazifascismo, presentato come movente primario del conflitto mondiale, nobilitava l'immagine democratica

dei paesi vincitori, in particolare degli USA e dell'URSS, che in verità erano scesi in armi (come s'è detto) per le loro strategie egemoniche. Tanto dovevamo a coloro che ci avevano liberato dal fascismo, anche se solo come semplice effetto collaterale.

Secondo, perché l'antifascismo era stato il solo valore unitario della Resistenza e i partiti costituitisi successivamente in rappresentanza del popolo non trovarono altro valore unitario che potesse simboleggiare la matrice della nuova nazione e che fosse in grado, nello stesso tempo, di coprire agli occhi inesperti l'antagonismo profondo delle proprie prospettive politiche.

Talché l'antifascismo riassunse per tutti la dignità di valore democratico identitario, pur essendone solo una pre-categoria.

I partiti sui loro altari, annualmente, celebreranno la gloria della Resistenza per la liberazione dal nazifascismo e su uno sfondo sfocato quella degli eserciti russo-inglese-americani (generosamente ripagati, nello stesso tempo, dal silenzio sulle loro mire egemoniche) e cingeranno di alloro il capo di chi onorava l'ideologia democratica-liberale o l'ideologia democratica-popolare (ambedue, quali presupposti imprescindibili della libertà appena conquistata).

Così facendo ignoreranno l'inderogabile rispetto dei valori democratici della Costituzione e consolideranno il loro ruolo autoreferenziale. In questo sono stati favoriti dal dovere svolgere il compito di ministri del nuovo Stato, assegnato loro (pro tempore) dalla Costituzione.

Sono questi i motivi originari per cui nessuno della classe politica e culturale dell'Italia repubblicana abbia mai voluto riconoscere im-

portanza e prestare cura ai valori e ai principi unificanti e democratici della Costituzione Italiana.
Ad oggi, non ho mai visto alcuno che l'abbia proposta come disciplina politica e democratica d'insegnamento scolastico e quale stato dell'arte dei principî, dei fini e delle leggi fondanti di un paese a democrazia avanzata (quale sarebbe dovuta diventare l'Italia).

La Costituzione porta in sé, conviene ribadirlo, un solido e ben integrato background culturale, sociale e politico, tratto prevalentemente, ma non esclusivamente, dal patrimonio intellettuale di uomini di pensiero e di esperti tecnici, componenti elettivi o cooptati della "Commissione dei 75".

Le origini della Partitocrazia e della Costituzione Materiale

Gli uomini di cultura italiani non l'hanno mai denunziata pubblicamente, né gli uomini politici l'hanno mai corretta, la (dis-)torsione storica operata dalle forti tensioni geopolitiche della guerra fredda sia sulla conoscenza e sulla presa di coscienza del nuovo pensiero costituzionale, sia sul ruolo dei nuovi partiti della repubblica.

Tale processo, che diede vita agli anzidetti "**peccato originale**" e "**crisi della coscienza identitaria democratica**" (vedi), si è concluso con due peccati capitali: **la partitocrazia e la costituzione materiale**.

La Partitocrazia (vedi anche, in Appendice: La partitocrazia e il possibile declino del Paese) matura come evoluzione genetica dei partiti di massa o dei "partiti-Stato". Nati da una Costituzione innovativa ma in un contesto geopolitico, socioeconomico e culturale strettamente limitato, si ritrovarono a operare in una *ratio* ed in una dimensione politica mai sperimentate prima e nella piena responsabilità di guidare le sorti di un Paese ridotto in pelle e ossa.

Era un'impresa titanica che non riusciranno a soddisfare nella sua parte più importante, verosimilmente per carenza organica di risorse culturali.
Intanto, volenti o nolenti, come abbiamo visto, erano portatori di antitetici valori ideologici sovranazionali, propri dei vincitori del Secondo conflitto mondiale: URSS e USA.
Inoltre ognuno di essi traeva sostentamenti da uno dei due Paesi, oltre alle ispirazioni politiche, per cui non potevano che riconoscere loro una dignità primaria assoluta, la quale adombrava la nascente dignità democratica nazionale.
Come loro prima impresa avrebbero dovuto assolvere contemporaneamente all'alfabetizzazione scolastica e costituzionale dei cittadini.
Ebbene, la prima fu portata avanti come mero strumento d'istruzione di massa (la scuola d'obbligo primaria), ben lungi dall'essere considerata come vero ascensore sociale e come base di un futuro sviluppo scientifico ed economico del paese. Per questo c'erano i potenti muscoli dei lavoratori, dicevano in più d'uno. Ricerca, sperimentazioni e quant'altro erano "parassitismi".

"La seconda impresa", a tutt'oggi, l'hanno disattesa nella sostanza dei suoi valori. All'inizio insegnarono le norme costituzionali relative alla composizione degli organi istituzionali e a espletare le procedure per eleggerne gli organi di potere. Subito dopo si sono fermati a rivendicare sulle piazze in nome delle loro ideologie sovranazionali proprio quei diritti dei cittadini che erano stati sanciti come "inviolabili" nella Costituzione, con l'aggravante di sottacerne i corrispondenti "doveri inderogabili" per trarne il massimo dei consensi.

Si viene a verificare, così, che fra i due litiganti ha la peggio il terzo, la Costituzione Italiana, che perde ogni patria potestà sulla politica.

In questa sorta di campanilismo tra rappresentanti di epiche ideologie, i partiti di fatto istituzionalizzano i loro ruoli politici autoreferenziali, travalicando totalmente quelli costituzionali di organi d'intermediazione (tra il potere sovrano dei cittadini e quello legislativo-esecutivo) e di officine di progettazione del futuro del paese.

Infatti i suoi uomini dal ruolo d'intermediari si autoproporranno e assumeranno tranquillamente anche quello di rappresentanti dei cittadini in sede legislativa e governativa. E questo in totale assenza del pur minimo progetto di crescita nazionale. Era sufficiente promettere la coerenza ai rispettivi principi sovranazionali di bandiera. Eppure era loro dovere almeno raccogliere le legittime istanze dei cittadini ed elaborarle ognuno in un progetto quinquennale di crescita della collettività, da sottoporre al loro giudizio elettorale.

Ebbene, nessuno dei cittadini ha ritenuto di doversi opporre a questo stato di cose per due ragioni. **Prima**: perché dalla vulgata storica sono stati educati, fin dalla nascita, a considerare quei valori sovranazionali imprescindibili e inderogabili presupposti politici delle loro libertà personali. **Seconda**: perché sono riusciti lo stesso ad affrancarsi dalla povertà e a portarsi a livello della settima potenza industriale del mondo.

A questo punto, siamo sul finire dell'era craxiana; delle epiche ideologie una s'è spenta, l'altra si sta spendendo nel consumismo economico; l'economia italiana incomincia a non crescere più come negli altri paesi europei (il "piccolo è bello" non tira come prima); le officine di pensiero dei partiti che dovevano sviluppare i progetti di crescita economica del paese sono rimaste sempre in disarmo.
Allora, che fare? Ecco che nell'aria si leva il canto del cigno del craxiano pensiero: Il primato della politica, a prescindere! È questa la nuova ideologia praticata da tutti i partiti. A che serve? Serve alla partitocrazia per potere navigare a vista nel mare delle difficoltose contingenze quotidiane, senza renderne conto ad alcuno. Tuttavia, mancando di una rotta precisa e di un porto sicuro, è necessario garantirsi almeno la presenza certa di un comandante della nave. Da qui nasce il Primato della governabilità, esente da ogni obbligo di circostanziata pianificazione programmatica. È una chiara strambata strategica per mettere sottovento le vele della partitocrazia, che si stavano afflosciando.

E il primato della Costituzione Italiana, con tutti i suoi principi e fini democratici da perseguire?
Quella è lettera morta! È servita a poco. Occorre una **Costituzione materiale** o vivente, che si adatti alle esigenze "del fare" della politica quotidiana. Ma questo tipo di adattamento non era stato già consumato? Sì, ma ce n'era di bisogno altro ancora!
Ora, invece, i partiti, dall'alto della loro autoreferenzialità e attraverso i media, teorizzano per il bene pubblico che la **Costituzione Italiana non debba essere più un inderogabile e inviolabile patto fondante dello Stato, modificabile solo nei modi in essa sanciti**, ma un complesso di norme gestionali a geometria variabile secon-

do i bisogni governativi e il colore della maggioranza parlamentare, che rappresentano la volontà popolare.
In tale contesto partitocratico, la competizione tra i partiti e tra questi e gli altri poteri dello Stato per la conquista di una fetta sempre maggiore di spazio istituzionale si è fatta irriducibile e ha indotto la comparsa in politica di usi e costumi del tutto particolari. Fra questi vi è il vezzo di riconoscere nella capacità individuale di "sapere **demonizzare** l'avversario " una preziosa abilità politica.

Le capacità di sapersi costruire una visione complessiva dei problemi del paese e di saperne pianificare organicamente le soluzioni, specie quelle più importanti e complesse, nel medio-lungo periodo, insomma di "**sapere fare vera politica**" nel nome e negli interessi della società e del sistema-paese, diventa una superflua qualità politica nel panorama partitocratico.

Concludendo in una sintesi unica l'argomento trattato in questi cinque articoli, si può dire che sia stato il segnare il passo con forza e a lungo sugli antitetici valori ideologici sovranazionali ad avere provocato a cascata la nascita del "peccato originale", della "partitocrazia", della "costituzione materiale", nonché lo sviluppo di **una forte contrapposizione dialettica** (alla fine rimasta geneticamente impressa nella politica, quale carattere dominante).
Il costo di questi processi oggi è pagato in termini di scarsa coscienza identitaria democratica e, conseguentemente, di scadente progettualità politica.

Tuttavia, resta il fatto positivo che il patrimonio ideologico della Costituzione Italiana è là pronto per essere ben utilizzato.

Documenti

La fine della spinta propulsiva / Enrico Berlinguer

“Ciò che è avvenuto in Polonia ci induce a considerare che effettivamente la capacità propulsiva di rinnovamento delle società che si sono create nell'Est europeo è venuta esaurendosi. Parlo di una spinta propulsiva che si è manifestata per lunghi periodi e che ha la sua data d'inizio nella Rivoluzione socialista dell'Ottobre. Oggi siamo giunti a un punto in cui quella fase si chiude. Noi pensiamo che gli insegnamenti fondamentali che ci ha trasmesso prima di tutto Marx e alcune delle lezioni di Lenin conservino una loro validità; e che d'altra parte vi sia tutto un patrimonio e tutta una parte di questo insegnamento che sono ormai caduti e debbono essere abbandonati e del resto sono stati da noi stessi abbandonati con gli sviluppi nuovi che abbiamo dato alla nostra elaborazione, centrata su un tema che non era centrale in Lenin. Il tema su cui noi ci concentriamo è quello dei modi e delle forme della costruzione socialista in società economicamente sviluppate e con tradizioni democratiche, quali sono le società dell'occidente europeo. È chiaro che l'esplorazione di vie verso il socialismo, in questa parte dell'Europa e del mondo, richiede soluzioni del tutto originali rispetto a quelle che si sono attuate nell'Unione Sovietica e che si sono via via attuate negli altri paesi dell'est, sia europeo, sia asiatico. Da questo punto di vista, noi consideriamo l'esperienza storica del movimento socialista nelle due fasi fondamentali: quella socialdemocratica e quella dei paesi dove il socialismo è stato avviato sotto la direzione di partiti comunisti nell'est europeo. Ognuna di queste esperienze ha dato i suoi frutti all'avanzata del movimento operaio, ma entrambe vanno superate criticamente con nuove formule, con nuove soluzioni, cioè con quella che noi chiamiamo la terza via, la terza via appunto rispetto alle vie tradizionali della socialdemocrazia e rispetto ai modelli dell'Est europeo. Si tratta di una ricerca nella quale vediamo impegnati non solo alcuni partiti comunisti, ma anche alcune delle socialdemocrazie, o almeno alcuni settori delle socialdemocrazie, dove questo stesso tema viene discusso e approfondito".

(Da una dichiarazione di Enrico Berlinguer rilasciata al programma televisivo Tribuna politica, 15 dicembre 1981. Trascrizione della tribuna politica trasmessa il 15 Dicembre 1981 su Raiuno, domanda di Peter Nichols. In: Antonio Tatò, *Berlinguer, attualità e futuro. Una scelta di scritti di E. Berlinguer nel 5° anniversario della scomparsa*, supplemento al quotidiano L'Unità, 29 Maggio 1989, pag. 88).

La votazione finale della Costituzione

[22 dicembre 1947. Seduta antimeridiana dell'Assemblea Costituente.]

Presidente Terracini. L'ordine del giorno reca: Votazione finale a scrutinio segreto della Costituzione della Repubblica italiana.

Ha facoltà di parlare l'onorevole Ruini, Presidente della Commissione per la Costituzione.

Ruini, *Presidente della Commissione per la Costituzione.* Onorevoli colleghi, con la seduta di poche ore fa il compito dell'Assemblea Costituente può dirsi adempiuto. Ecco il testo definitivo della Costituzione, che mi appresto a consegnare al Presidente dell'Assemblea.

Era un compito difficile e faticoso. Il Comitato di redazione è apparso molte volte quasi una mitica unità; i suoi membri si sono divisi ed hanno combattuto fra loro; ma dopo tutto vi è stato, e si rivela oggi, uno spirito comune, uno sforzo di unità sostanziale; ed oggi il Comitato compatto sente la responsabilità e la solidarietà del suo lavoro, ed è orgoglioso di averlo portato a termine. Questo io devo dichiarare, a suo nome, all'Assemblea e ringraziarla di aver sanzionato l'opera nostra.

Questa è un'ora nella quale chi è adusato alle prove parlamentari, chi è stato in trincea, chi ha conosciuto il carcere politico, è preso da una nuova e profonda emozione. È la prima volta, nel corso millenario della storia d'Italia, che l'Italia unita si dà una libera Costituzione: Un bagliore soltanto vi fu, cento anni fa, nella Roma repubblicana di Mazzini. Mai tanta ala di storia è passata sopra di noi.

E ciò avviene in una congiuntura non ancora definita, in un processo di trasformazione ancora in cammino, in cui alcuni istituti vecchi non sono ancor morti, ed altri nuovi non sono ancora interamente vivi. Esistono due crepuscoli tra il giorno e la notte: questo che ora scorgiamo sarà per la nostra Italia crepuscolo di aurora e non di tramonto.

Dobbiamo darci la nostra Costituzione in una situazione tragica; dopo la disfatta; dopo l'onta di un regime funesto. Dobbiamo cercare di costruire qualche cosa di saldo e di durevole, mentre viviamo in piena crisi politica, economica, sociale. Ebbene, vi siamo riusciti. L'Italia darà un'altra prova di ciò che è stato il segno della sua storia e la rende inconfondibile con le altre nazioni: l'Italia è la sola che abbia saputo e saprà, risorgendo, rinnovare e vivere fasi successive ed altissime di nuove civiltà.

Questa Carta che stiamo per darci è, essa stessa, un inno di speranza e di fede. Infondato è ogni timore che sarà facilmente divelta, sommersa, e che sparirà presto. No; abbiamo la certezza che durerà a lungo, e forse non finirà mai, ma si verrà completando ed adattando alle esigenze dell'esperienza storica. Pur dando alla nostra Costituzione un carattere rigido, come richiede la tutela delle libertà democratiche, abbiamo consentito un processo di revisione, che richiede meditata riflessione, ma che non la cristallizza in una statica immobilità. Vi è modo di modificare e di correggere con sufficiente libertà di movimento. E così avverrà; la Costituzione sarà gradualmente perfezionata; e resterà la base definitiva della vita costituzionale italiana. Noi stessi — ed i nostri figli — rimedieremo alle lacune ed ai difetti, che esistono, e sono inevitabili.

Critiche sono venute anche da questo banco; ma non ci dobbiamo abbandonare ad un abito di auto-denigrazione, che sembra talvolta un tristo retaggio italiano. Nessuna Costituzione è perfetta. Tutte le volte che se n'è fatta una, sono risuonati lamenti e deprecazioni fra i costituenti. Ciò è avvenuto, anche subito dopo che a Filadelfia fu votata, un secolo e mezzo fa, la Costituzione nord-americana; che ora è giudicata la migliore di tutte!

Un giudizio pacato sui pregi e sui difetti della nostra Carta non può essere dato oggi, con esauriente completezza. Difetti ve ne sono; vi sono lacune e più ancora esuberanze; vi sono incertezze in dati punti; ma mi giungono ormai voci di grandi competenti dall'estero, e riconoscono che questa Carta merita di essere favorevolmente apprezzata, ed ha un buon posto, forse il primo, fra le Costituzioni dell'attuale dopoguerra. Noi, prima di tutti, ne riconosciamo le imperfezioni; ma dobbiamo anche rilevare alcuni risultati acquisiti.

I «principî fondamentali» che sono sanciti nell'introduzione, e che possono sembrare vaghi e nebulosi, corrispondono a realtà ed esigenze di questo momento storico, che sono nello stesso tempo posizioni eterne dello spirito, e manifestano un anelito che unisce insieme le correnti democratiche degli «immortali principî», quelle anteriori e cristiane del sermone della montagna, e le più recenti del manifesto dei comunisti, nell'affermazione di qualcosa di comune e di superiore alle loro particolari aspirazioni e fedi.

Nella enunciazione dei diritti e doveri dei cittadini, se la Francia, che ha una tradizione superba di tali dichiarazioni, ha potuto rimettersi ad esse, noi, che non l'abbiamo, siamo tenuti a formulare noi, per la prima volta, questi diritti e doveri. Lo abbiamo fatto non senza vantaggi e passi avanti; e qui le esigenze etico-politiche hanno ceduto il posto alla tecnica più precisa e concreta. Nessuna altra Carta costituzionale contiene un sistema così completo e definito di garanzie di libertà, ed alcuni istituti non sono privi di novità; mi hanno segnalato appunto la nullità delle misure di polizia non comunicate e convalidate subito dalla Magistratura, ed il diritto di associazione, inteso nel senso che chi ha diritto di svolgere singolarmente un'attività può farlo anche in forma costituzionale. Per il suo tecnicismo giuridico-costituzionale (e per la struttura e l'architettonica dell'intera Costituzione) la nostra Carta è una cosa seria.

Nessuno si deve scandalizzare se nei testi costituzionali è entrata — ormai da tempo — la nota dei rapporti economici. Le direttive che noi abbiamo formulato aprono, con la maggior adeguatezza possibile, la via a progressive riforme verso quella che deve essere ormai, lo abbiamo detto nel primo articolo, la democrazia basata sul lavoro; e nel tempo stesso escludono, proprio per lo sforzo di tracciare concreti istituti, i metodi rivoluzionari e violenti.

La seconda parte della Costituzione — ordinamento della Repubblica — ha presentato gravi difficoltà. Si tenga presente che nell'edificare la nostra Repubblica non abbiamo trovato, come in altri paesi, continuità di tradizione. Avevamo tutto da fare. Non abbiamo risoluto con piena soddisfazione tutti i problemi istituzionali. Ad esempio, per la composizione delle due Camere ed il loro sistema elettorale, rimesso del resto alla legge ordinaria. Ma in complesso si è seguita una linea media ed equidistante dai due estremi. Da un lato, dalle suggestioni, talvolta inconsapevoli, in cui cadono certuni che hanno sempre davanti agli occhi i congegni del passato, e non si sono ancora persuasi che il potere del re è per sempre caduto. Dall'opposto lato, dalle visioni degli estremisti che idealizzano un governo di assemblea e di convenzione, di cui tutti gli altri poteri sarebbero semplici commessi ed appendici. Ne ho parlato qui più volte; anche oggi confermo che le soluzioni adottate erano, dopotutto, le sole possibili, in attesa che l'esperienza indichi ulteriori processi ed adattamenti. Certo è che — pur non entrando nella via, almeno parziale, di alcuni poteri riservati al Capo dello Stato senza correlativa responsabilità ministeriale — il Presidente della Repubblica italiana è tutt'altro che un fantoccio. Certo è che, mantenendo la indeclinabile condizione della fiducia delle Camere, si è cercato di evitare le sorprese e la soverchia instabilità dei governi. E certo è — per ritornare alla parte tecnica — che più di ogni altra Costituzione la nostra definisce e precisa gli istituti del decreto legge, del decreto legislativo, della formazione e della gerarchia delle leggi.

Per quanto concerne la magistratura, vi possono essere rilievi e riserve; ma in sostanza si è fatto un passo decisivo, il solo possibile, non ancora raggiunto in molti altri paesi, verso la unicità della giurisdizione, con l'obbligo di trasformare in sezioni specializzate degli organi giudiziari ordinari le attuali giurisdizioni speciali, esclusi soltanto per necessità imprescindibili delle loro funzioni il Consiglio di Stato e la Corte dei Conti.

La nostra Costituzione affronta lo spinoso problema dell'ordinamento regionale. Molti sono i dubbi; e vi possono essere inconvenienti; ma non si poteva non andare incontro ad una irresistibile tendenza; vi sono riforme storiche che non si possono evitare; e si sono di fatto predisposti i nuovi istituti in modo che la prova concreta e l'adattamento della esperienza, consentirà di dare ad essi maggiore o minore ampiezza, salvaguardando in ogni caso la necessità suprema della unità ed indivisibilità della patria.

Perdonatemi se ho creduto necessario rivendicare non solo le ombre, ma le luci della Costituzione. Si è fatto il possibile: nessuna altra Carta ebbe una più minuta preparazione; nessuna fu più a lungo discussa; per nessuna si è fatto con maggior completezza il punto, e si è condotto quasi un esame di coscienza di tutti i problemi più gravi del momento. È un eccesso? Sì; ma non è senza significato che un popolo, nell'accingersi ad un rinnovamento, abbia voluto compiere quest'esame di coscienza.

La formulazione della nostra Costituzione non poteva che svolgersi con metodi democratici. Noi abbiamo assistito — foggiandolo noi stessi — a ciò che è un processo di formazione democratica e cioè collettiva. Una Costituzione non può più essere l'opera di uno solo, o di pochissimi.

Deve risultare dalla volontà di tutti i rappresentanti del popolo; e i rappresentanti del popolo non si conducono con la violenza; l'unico modo, in democrazia, di vincere è di convincere gli altri. Che cinquecentocinquanta individui prendano parte (e tutti credono di aver eguale competenza) nella formulazione degli articoli di una Costituzione, ha fortissimi inconvenienti; non si fa così per i codici; ma come si fa a delegare la stesura della Costituzione? Con molta pazienza la tecnica riesce a farsi comunque strada; ed a rimediare, se non a tutti, a molti inconvenienti. Ciò avverrà sempre più, con l'autolimitazione volontaria e la maggior educazione politica di domani. Intanto vi è anche un vantaggio: che tutti i rappresentanti del popolo, tutte le correnti del popolo da essi rappresentate possono dire: questa Costituzione è mia, perché l'ho discussa e vi ho messo qualcosa.

Onorevoli colleghi, l'esigenza dell'opera collettiva, della collaborazione di tutti, in democrazia è l'inevitabile, ed è la forza stessa della democrazia. E vi è un'altra cosa inevitabile, una conseguenza di questa stessa esigenza: la Costituzione, come ogni opera collettiva, non può che essere, come si dice in senso deteriore, un «compromesso». Preferisco dire con il purissimo Cattaneo che non può essere se non «una transazione», come è tutta la storia. Ed è «equilibrio»; questa è la caratteristica della nostra Costituzione; un equilibrio realizzato, come era possibile, fra le idee e le correnti diverse. Mi si dica in quale altro modo — forse con una prevalenza forzata, forse con un totalitarismo costituzionale — si sarebbe potuto fare una Costituzione democratica. Anche le altre Costituzioni storiche, che oggi ci sembrano monolitiche, furono sempre il risultato di transazioni e di equilibri.

Quando oggi voteremo, il largo suffragio che daremo alla nostra Costituzione attesterà che, malgrado i dissensi e le lacerazioni, è scaturita dalle viscere profonde della nostra storia, la convergenza di tutti in una comune certezza; il sicuro avvenire della Repubblica italiana. (*Vivissimi, generali applausi*).

Con queste dichiarazioni mi onoro consegnare al Presidente dell'Assemblea Costituente il testo definitivo della Carta costituzionale. (*L'Assemblea sorge in piedi — Vivissimi, generali, prolungati applausi — Da una tribuna un gruppo di garibaldini intona l'Inno di Mameli, ripreso dall'Assemblea e dal pubblico delle tribune — Rinnovati, vivissimi applausi*).

Presidente Terracini. Do atto all'onorevole Ruini della consegna del testo definitivo della Costituzione, al cui perfezionamento di forma e di sostanza egli ha dato opera diuturna ed appassionata fino, possiamo ben dirlo, a poche ore fa. Ancora stamane noi lo abbiamo udito mentre forniva a noi tutti gli ultimi chiarimenti che ci erano necessari per metterci in condizioni di procedere ora al voto definitivo.

Credo che non ci fossimo resi conto tutti, in un primo momento, della gravità e dell'importanza del compito che avevamo affidato al Presidente della Commissione dei Settantacinque. È certo che molti di noi forse ancora non conoscono la somma di fatiche che il suo assolvimento ha imposto all'onorevole Ruini.

Voglio esprimere la mia riconoscenza personale all'onorevole Ruini, senza la cui valida collaborazione io stesso non avrei potuto rispondere alla fiducia riposta in me dall'Assemblea. E credo che se esprimo all'onorevole Ruini anche il ringraziamento dell'intera Assemblea, questa darà alle mie parole plauso e consenso. (*Vivissimi generali applausi*).

Indico la votazione a scrutinio segreto sulla Costituzione della Repubblica italiana.

Si procederà alla votazione a scrutinio segreto con appello nominale. Pertanto ogni singolo deputato, il cui nome sarà chiamato, verrà a deporre nell'urna il suo voto.

Si faccia la chiama per ordine alfabetico, cominciando dalla lettera A.

Molinelli, *Segretario*, fa la chiama.

(*Segue la votazione — Quando il Presidente Terracini si reca a votare l'Assemblea sorge in piedi — Vivissimi, prolungati, generali applausi cui si associano i giornalisti delle tribune della stampa*).

Presidente Terracini. Dichiaro chiusa la votazione a scrutinio segreto. Invito gli onorevoli Segretari a numerare i voti.

(*Gli onorevoli segretari numerano i voti*).

Proclamo il risultato della votazione a scrutinio segreto:

Presenti e votanti............ 515

Maggioranza.............. 258

Voti favorevoli........... 453

Voti contrari................ 62

(***L'Assemblea approva*** *— L'Assemblea si leva in piedi — Vivissimi, generali, prolungali applausi cui si associano i giornalisti delle tribune della stampa — Si grida: Viva la Repubblica! — Nuovi, prolungati applausi*).

Hanno preso parte alla votazione:

Adonnino, Alberti, Aldisio, Allegato, Amadei, Ambrosini, Amendola, Andreotti, Angelini, Angelucci, Arata, Arcaini, Arcangeli, Assennato, Avanzini, Ayroldi, Azzi.

Bacciconi, Badini Confalonieri, Baldassari, Balduzzi, Baracco, Barbareschi, Bardini, Bargagna, Barontini Anelito, Barontini Ilio, Bartalini, Basile, Basso, Bastianetto, Bazoli, Bei Adele, Bellato, Bellavista, Bellusci, Belotti, Bencivenga, Benedetti, Benedettini, Bennani, Benvenuti, Bernabei, Bernamonti, Bernini Ferdinando, Bertini Giovanni, Bertola, Bertone,

Bettiol, Biagioni, Bianchi Bianca, Bianchi Bruno, Bianchini Laura, Bibolotti, Binni, Bitossi, Bocconi, Boldrini, Bolognesi, Bonino, Bonomelli, Bonomi Ivanoe, Bonomi Paolo, Bordon, Borsellino, Bosco Lucarelli, Bosi, Bovetti, Bozzi, Braschi, Bruni, Brusasca, Bubbio, Bucci, Buffoni Francesco, Bulloni Pietro, Buonocore, Burato.

Cacciatore, Caccuri, Caiati, Cairo, Calamandrei, Caldera, Calosso, Camangi, Campilli, Camposarcuno, Candela, Canevari, Cannizzo, Caporali, Cappa Paolo, Cappelletti, Cappi Giuseppe, Cappugi, Capua, Carbonari, Carboni Angelo, Carboni Enrico, Carignani, Caroleo, Carpano Maglioli, Carratelli, Cartia, Caso, Cassiani, Castelli Edgardo, Castelli Avolio, Castiglia, Cavalli, Cavallotti, Cerreti, Cevolotto, Chatrian, Chiaramello, Chieffi, Chiostergi, Ciampitti, Cianca, Ciccolungo, Cicerone, Cifaldi, Cimenti, Cingolani Mario, Clerici, Coccia, Codacci Pisanelli, Codignola, Colitto, Colombi Arturo, Colombo Emilio, Colonna di Paliano, Colonnetti, Conci Elisabetta, Condorelli, Conti, Coppa Ezio, Coppi Alessandro, Corbi, Corbino, Corsanego, Corsi, Corsini, Cortese Guido, Cortese Pasquale, Costa, Costantini, Cotellessa, Cremaschi Carlo, Cremaschi Olindo, Crispo.

Damiani, D'Amico, D'Aragona, De Caro Gerardo, De Falco, De Gasperi, Del Curto, Della Seta, Delli Castelli Filomena, De Maria, De Martino, De Mercurio, De Michele Luigi, De Michelis Paolo, De Palma, De Unterrichter Maria, De Vita, Di Fausto, Di Giovanni, Di Gloria, Di Vittorio, Dominedò, Donati, D'Onofrio, Dossetti, Dozza, Dugoni.

Einaudi, Ermini.

Fabbri, Fabriani, Facchinetti, Faccio, Fanfani, Fantoni, Fantuzzi, Faralli, Farina Giovanni, Farini Carlo, Fedeli Aldo, Fedeli Armando, Federici Maria, Ferrarese, Ferrari Giacomo, Ferrario Celestino, Ferreri, Fietta, Filippini, Finocchiaro Aprile, Fiore, Fiorentino, Fioritto, Firrao, Flecchia, Foa,

Fogagnolo, Foresi, Fornara, Franceschini, Fresa, Froggio, Fuschini, Fusco.

Gabrieli, Galati, Galioto, Gallico Spano Nadia, Garlato, Gasparotto, Gatta, Gavina, Germano, Gervasi, Geuna, Ghidetti, Ghidini, Ghislandi, Giacchero, Giacometti, Giannini, Giolitti, Giordani, Giua, Gonella, Gorreri, Gortani, Gotelli Angela, Grassi, Grazi Enrico, Grieco, Grilli, Gronchi, Guariento, Guerrieri Emanuele, Guerrieri Filippo, Gui, Guidi Cingolani Angela, Gullo Fausto, Gullo Rocco.

Imperiale, Iotti Leonilde.

Jacometti, Jervolino.

Labriola, Laconi, La Gravinese Nicola, La Malfa, Lami Starnuti, Landi, La Pira, La Rocca, Lazzati, Leone Francesco, Leone Giovanni, Lettieri, Li Causi, Lizier, Lizzadri, Lombardi Carlo, Lombardi Riccardo, Lombardo Ivan Matteo, Longhena, Longo, Lopardi, Lozza, Lucifero, Luisetti, Lussu.

Macrelli, Maffi, Magnani, Magrassi, Magrini, Malagugini, Maltagliati, Malvestiti, Mancini, Mannironi, Manzini, Marazza, Marchesi, Marconi, Mariani Enrico, Marina Mario, Marinaro, Marinelli, Martinelli, Martino Gaetano, Marzarotto, Massini, Massola, Mastino Gesumino, Mastino Pietro, Mastrojanni, Mattarella, Mattei Teresa, Matteotti Carlo, Matteotti Matteo, Mazza, Mazzei, Mazzoni, Meda Luigi, Medi Enrico, Mentasti, Merighi, Merlin Angelina, Mezzadra, Miccolis, Micheli, Minella Angiola, Minio, Molè, Molinelli, Momigliano, Montagnana Mario, Montagnana Rita, Montalbano, Montemartini, Monterisi, Monticelli, Montini, Morandi, Moranino, Morelli Luigi, Morelli Renato, Morini, Moro, Mortati, Moscatelli, Motolese, Murdaca, Murgia, Musolino, Musotto.

Nasi, Negarville, Negro, Nenni, Nicotra Maria, Nitti, Nobile Umberto, Nobili Tito Oro, Noce Teresa, Notarianni, Novella, Numeroso.

Orlando Camillo, Orlando Vittorio Emanuele.

Pacciardi, Pajetta Gian Carlo, Pajetta Giuliano, Pallastrelli, Paolucci, Paratore, Paris, Parri, Pastore Giulio, Pastore Raffaele, Pat, Patricolo, Patrissi, Pecorari, Pella, Pellegrini, Pera, Perassi, Perlingieri, Perrone Capano, Persico, Pertini Sandro, Perugi, Pesenti, Petrilli, Piccioni, Piemonte, Pieri Gino, Pignatari, Pignedoli, Pistoia, Platone, Pollastrini Elettra, Ponti, Porzio, Pratolongo, Pressinotti, Preti, Priolo, Proia, Pucci, Puoti.

Quarello, Quintieri Adolfo.

Raimondi, Rapelli, Reale Eugenio, Reale Vito, Recca, Rescigno, Restagno, Ricci Giuseppe, Riccio Stefano, Rivera, Rodi, Rodinò Mario, Rodinò Ugo, Rognoni, Romano, Romita, Roselli, Rossi Giuseppe, Rossi Maria Maddalena, Rossi Paolo, Roveda, Rubilli, Ruggeri Luigi, Ruini, Rumor, Russo Perez.

Saccenti, Saggin, Salerno, Salizzoni, Salvatore, Sampietro, Sansone, Santi, Sapienza, Saragat, Sardiello, Sartor, Scalfaro, Scarpa, Scelba, Schiavetti, Schiratti, Scoca, Scoccimarro, Scotti Alessandro, Scotti Francesco, Secchia, Segala, Segni, Selvaggi, Sereni, Sforza, Sicignano, Siles, Silipo, Silone, Simonini, Spallicci, Spataro, Stampacchia, Stella, Storchi, Sullo Fiorentino.

Tambroni Armaroli, Targetti, Taviani, Tega, Terracini, Terranova, Tieri Vincenzo, Titomanlio Vittoria, Togliatti, Togni, Tomba, Tonello, Tonetti, Tosato, Tosi, Tozzi Condivi, Tremelloni, Treves, Trimarchi, Tripepi, Tupini, Turco.

Uberti.

Valenti, Valiani, Vallone, Valmarana, Varvaro, Venditti, Veroni, Viale, Vicentini, Vigna, Vigo, Vigorelli, Vilardi, Villabruna, Villani, Vinciguerra, Vischioni, Volpe.

Zaccagnini, Zanardi, Zannerini, Zappelli, Zerbi, Zotta, Zuccarini.

Sono in congedo:

Arata.

Canepa, Carmagnola, Cavallari.

Jacini.

Merlin Umberto.

Preziosi.

Ravagnan.

Trulli.

Vanoni, Vernocchi.

Presidente Terracini. Onorevoli colleghi! È con un senso di nuova profonda commozione che ho pronunciato or ora la formula abituale con la quale, da questo seggio, nei mesi passati ho, cento e cento volte, annunciato all'Assemblea il risultato delle sue votazioni. Di tutte queste, delle più combattute e delle più tranquille, di quelle che videro riuniti in un solo consenso tutti i settori e delle altre in cui il margine di maggioranza oscillò sull'unità; di tutti questi atti di volontà che, giorno per giorno, vennero svolgendosi, con un legame non sempre immediatamente conseguente — in riflesso di situazioni mutevoli non solo nell'Aula, ma anche nel Paese — quest'ultimo ha riassunto il significato e gli intenti, affermandoli definitivamente e senza eccezione come legge fondamentale di tutto il popolo italiano.

Ed io credo di potere avvertire attorno a noi, oggi, di questo popolo l'interesse fervido ed il plauso consapevole e soddisfatto. Si può ora dirlo; vi è stato un momento, dopo i primi accesi entusiasmi, nutriti forse di attese non commisurate alle condizioni storicamente maturate ed in loro reazione, vi è stato un momento nel quale come una parete di indifferenza minacciava di levarsi fra questo consesso e le masse popolari. E uomini e gruppi, già ricacciati al margine della nostra società nazionale dalla prorompente libertà — detriti del regime crollato o torbidi avventurieri di ogni congiuntura *(Applausi)* — alacremente, e forse godendo troppa impunità, si erano dati ad approfondire il distacco, ricoprendo di contumelie, di calunnie, di accuse e di sospetti questo istituto, emblema e cuore della restaurata democrazia. (*Vivi applausi*).

Onorevoli deputati, è col nostro lavoro, intenso e ordinato, è con lo spettacolo ad ogni giorno da noi offertogli della nostra metodica, instancabile applicazione al compito affidatoci, che noi ci siamo in fine conquistati la simpatia e la fiducia del popolo italiano. Il quale, nelle sue distrette come nelle sue gioie, sempre più è venuto volgendosi all'Assemblea Costituente come a naturale delegata ed interprete e realizzatrice del suo pensiero e delle sue aspirazioni. E le centinaia, le migliaia di messaggi di protesta, di approvazione, di denuncia, di richieste giunti alla Presidenza nel corso dei diciotto mesi di vita della Costituente, testimoniano del crescente spontaneo affermarsi della sua autorità, come Assemblea rappresentativa. È questo un prezioso retaggio morale che noi lasciamo alle future Camere legislative della Repubblica.

Ho parlato di lavoro instancabile. Ne fanno fede le 347 sedute a cui ci convocammo, delle quali 170 esclusivamente costituzionali; i 1663 emendamenti che furono presentati sui 140 articoli del progetto di Costituzione, dei quali 292 approvati, 314 respinti, 1057 ritirati od assorbiti; i 1090 interventi in discussione da parte di 275 oratori; i 44 appelli nominali ed i 109 scrutini segreti; i 40 ordini del giorno votati; gli 828 schemi di provvedimenti legislativi trasmessi dal Governo all'esame delle Commissioni permanenti ed i 61 disegni di legge deferiti all'Assemblea; le 23 mozioni presentate, delle quali 7 svolte; le 166 interpellanze di cui 22 discusse; le 1409 interrogazioni, 492 delle quali trattate in seduta, più le 2161 con domanda di risposta scritta, che furono soddisfatte per oltre tre quarti dai rispettivi Dicasteri.

Lavoro instancabile; sta bene. Ma anche lavoro completo? Alla stregua del mandato conferitoci dalla nostra legge istitutiva, sì. Noi consegniamo oggi, a chi ci elesse il 2 giugno, la Costituzione; noi abbiamo assolto il compito amarissimo di dare avallo ai patti di pace che hanno chiuso ufficialmente l'ultimo tragico e rovinoso capitolo del ventennio di umiliazioni e di colpe (*Applausi*); e, con le leggi elettorali, stiamo apprestando il ponte di passaggio, da questo periodo ancora anormale, ad una normalità di reggimento politico del Paese nel quale competa ad ogni organo costituzionale il compito che gli è proprio ed esclusivo: di fare le leggi, al Parlamento; al Governo di applicarle; ed alla Magistratura di controllarne la retta osservanza.

Ma, con la Costituzione, questa Assemblea ha inserito nella struttura dello Stato repubblicano altri organi, ignoti al passato sistema, suggeriti a noi dall'esperienza dolorosa o dettati dalla evoluzione della vita sociale ed economica del Paese. Tale la Corte delle garanzie costituzionali, sancita a difesa dei diritti e delle libertà fondamentali, ma non a preclusione di progressi ulteriori del popolo italiano verso una sempre maggiore dignità dell'uomo, del cittadino, del lavoratore. Tale il Consiglio nazionale della economia e del lavoro, che — rimuovendo gli ostacoli dovuti a incomprensione o ad ignoranza delle altrui esigenze — eviterà le battaglie non giustificate, disperditrici di preziose energie, dando alle altre, necessarie invece ed irreprimibili in ogni corpo sociale che abbia vita fervida e sana, consapevolezza di intenti e idoneità di mezzi.

Ma forse, sì, non tacciamolo, onorevoli colleghi, molta parte del popolo italiano avrebbe voluto dall'Assemblea Costituente qualcos'altro ancora. I più miseri, coloro che conoscono la vana attesa estenuante di un lavoro in cui prodigare le proprie forze creatrici e da cui trarre i mezzi di vita; coloro che, avendo lavorato per un'intera vita, fatti inabili dall'età, dalla fatica, dalle privazioni ancora inutilmente aspettano dalla solidarietà nazionale una modesta garanzia contro il bisogno; coloro che frustano i loro giorni in una fatica senza prospettiva, chiudendo ad ogni sera un bilancio senza residui, utensili pensanti e dotati d'anima di un qualche gelido mostruoso apparato meccanico, o forze brute di lavoro su terre estranee e perciò stesso ostili: essi si attendevano tutti, che l'Assemblea esaudisse le loro ardenti aspirazioni, memori come erano di parole proclamate e riecheggiate. (*Approvazioni*).

Noi lo sappiamo, oggi, che ciò avrebbe superato le nostre possibilità. Ma noi sappiamo di avere posto, nella Costituzione, altre parole che impegnano inderogabilmente la Repubblica a non ignorare più quelle attese, ad applicarsi risolutamente all'apprestamento degli strumenti giuridici atti a soddisfarle. La Costituzione postula, senza equivoci, le riforme che il popolo italiano, in composta fiducia, rivendica. Mancare all'impegno sarebbe nello stesso tempo violare la Costituzione e compromettere, forse definitivamente, l'avvenire della Nazione italiana. (*Vivissimi, generali applausi*).

Onorevoli colleghi, ieri sera, quasi a suggello simbolico apposto alla Carta costituzionale, voi avete votato un ordine del giorno col quale raccomandate e sollecitate dal Presidente della Repubblica un atto generoso di clemenza e di perdono.

Già al suo primo sorgere, la Repubblica volle stendere le sue mani indulgenti e volgere il suo sguardo benigno e sereno verso tanti, che pure non avevano esitato a straziare la Patria italiana, ad allearsi con i suoi nemici, a colpirne i figli più eroici. Il rinnovato gesto di amistà, del quale vi siete fatti promotori, vuole oggi esprimere lo spirito che ha informato i nostri lavori, in ognuno di noi, su qualunque banco si sedesse, a qualunque ideologia ci si richiami. L'Assemblea ha pensato e redatto la Costituzione come un solenne patto di amicizia e fraternità di tutto il popolo italiano, cui essa lo affida perché se ne faccia custode severo e disciplinato realizzatore. (*Approvazioni*). E noi stessi, onorevoli deputati, colleghi cari e fedeli di lunghe e degne fatiche, conclusa la nostra maggiore opera, dopo avere fatta la legge, diveniamone i più fedeli e rigidi servitori. (*Approvazioni*). Cittadini fra i cittadini, sia pure per breve tempo, traduciamo nelle nostre azioni, le maggiori e le più modeste, quegli ideali che, interpretando il voto delle larghe masse popolari e lavoratrici, abbiamo voluto incidere nella legge fondamentale della Repubblica.

Con voi m'inchino reverente alla memoria di quelli che, cadendo nella lotta contro il fascismo e contro i tedeschi, pagarono per tutto il popolo italiano il tragico e generoso prezzo di sangue per la nostra libertà e per la nostra indipendenza (*Vivissimi, generali applausi*); con voi inneggio ai tempi nuovi cui, col nostro voto, abbiamo aperto la strada per un loro legittimo affermarsi.

Viva la Repubblica democratica italiana, libera, pacifica ed indipendente! (*Vivissimi, generali, prolungati applausi — Si grida:* Viva la Repubblica! — Viva il Presidente Terracini! — *Nuovi vivissimi, generali applausi*).

In quest'ora così solenne della nostra storia non poteva mancare a noi ed al popolo italiano la parola alta, serena, saggia del Presidente della Repubblica, Enrico De Nicola, il quale ha seguito ed illuminato la nostra fatica, vigile ad ogni passo lungo la strada che condurrà la Repubblica dall'abisso in cui sorse fino alla posizione che le compete di Stato libero, e rispettato nel mondo.

Do lettura del messaggio di Enrico De Nicola:

Roma, 22 dicembre 1947 — ore 18,30.

«La ringrazio vivamente, illustre Presidente, di avermi comunicato con cortese sollecitudine l'approvazione della Costituzione della Repubblica italiana.

«Il mio pensiero, reverente e devoto, si rivolge, in questo momento di sincera commozione, all'Assemblea Costituente, che — sotto la Sua incomparabile e indimenticabile Presidenza — ha compiuto un lavoro di cui gli storici daranno certamente un giudizio sereno, che onorerà il nostro Paese, per la profondità delle indagini compiute, per l'altezza dei dibattiti svoltisi, per lo zelo coscienzioso costantemente osservato nella ricerca delle soluzioni più democratiche e nella formulazione rigorosamente tecnica dei principî fondamentali e delle specifiche norme costituzionali — e all'Italia nostra, amata e martoriata, che dalle sventure sofferte e dai sacrifizii affrontati, saprà trarre ancora una volta, nella concordia degli intenti e delle opere dei suoi figli, le energie necessarie per il suo sicuro avvenire, offrendo al mondo un nuovo esempio di eroiche virtù civili e un nuovo incitamento al progresso sociale».

(*Vivissimi, generali, prolungati applausi, cui si associa il pubblico delle tribune*).

Giunga il nostro riverente affettuoso pensiero ad Enrico De Nicola, che oggi acclamiamo primo Presidente della Repubblica Italiana. (*Nuovi, vivissimi, generali applausi*).

Si dia lettura di un telegramma giunto in questo momento dal Sindaco della città di Venezia.

Mattei Teresa, *Segretaria*, legge:

«Alla odierna solenne seduta della Assemblea Costituente convocata per l'approvazione della nuova Carta costituzionale che sancisce i diritti del popolo e la Repubblica, sogno di tanti martiri del primo Risorgimento italiano, meta raggiunta a prezzo di tanti sacrifici e di sangue in questo secondo Risorgimento, dopo che la monarchia, con la sua guerra antinazionale e col suo tradimento delle libertà popolari, ha dimostrato anche ai più increduli la legittimità di quel sogno di veggenti, l'amministrazione comunale di Venezia, che si prepara a ricordare con cerimonie che resteranno memorabili la seconda Repubblica di San Marco, vuole far pervenire la sua voce di plauso per la Repubblica italiana e per la nuova Carta costituzionale, augurando che da essa procedano leggi innovatrici del diritto e del costume, affinché il popolo italiano prostrato da tanti lutti, risorga davvero arbitro del proprio destino. — *Il Sindaco* GIANQUINTO».

De Gasperi, *Presidente del Consiglio dei Ministri*. Chiedo di parlare.

Presidente Terracini. Ne ha facoltà.

De Gasperi, *Presidente del Consiglio dei Ministri*. (*Vivi applausi al centro*).

Iniziando questa mia brevissima dichiarazione, sento il dovere di associarmi al ringraziamento espresso dal Presidente dell'Assemblea e alle parole di ammirazione da lui usate per Enrico De Nicola, per l'opera sua di vigile tutela e di collaborazione, che con la sua saggezza giuridica e l'esperienza parlamentare, ha dato non solo all'elaborazione della Costituzione, e, in genere, ai lavori legislativi, ma anche al Governo, con i suoi illuminati consigli.

Il Governo si associa all'augurio che il primo Presidente della Repubblica italiana possa continuare la sua opera per un lungo periodo ancora, e a lui noi tutti del Governo tributiamo sempre quell'ossequio e quell'obbedienza che sono la base fondamentale dell'autorità repubblicana.

Aggiungo il mio ringraziamento all'Assemblea, e in modo particolare alla Presidenza, per la collaborazione, che non era espressamente riservata alla sua attribuzione dalle leggi, ma con la quale pure ha recato un contributo prezioso alle iniziative del Governo, attuandole o modificandole con opportuni emendamenti.

Non fu senza un certo senso di invidia che noi vedemmo i nostri colleghi delle Commissioni legislative occuparsi dei grandi problemi della Costituzione, direi, gettando le grandi arcate della Costituzione, mentre noi, dalle esigenze di tutti i giorni, eravamo costretti ad occuparci dei piccoli particolari.

Io vi rinnovo l'espressione di ringraziamento profondo per questa vostra collaborazione. Questi nostri ringraziamenti vanno soprattutto ai membri della Commissione per la Costituzione e in modo particolare al suo Presidente, onorevole Ruini, che con tanto zelo ha diretto i lavori della Commissione stessa.

Il Governo ora, fatta la Costituzione, ha l'obbligo di attuarla e di farla applicare: ne prendiamo solenne impegno. Noi tutti però sappiamo, egregi colleghi, che le leggi non sono applicabili se, accanto alla forza strumentale che è in mano al Governo, non vi è la coscienza morale praticata nel costume. A distanza di cento anni, mi giunge all'orecchio come l'eco del programma mazziniano, che suonava:

«La Costituente nazionale, raccolta a Roma, metropoli e città sacra della Nazione, dirà all'Italia e all'Europa il pensiero del popolo e Dio benedirà il suo lavoro».

Valga tale auspicio anche per questa Assemblea del nuovo Risorgimento; il soffio dello spirito animatore della nostra storia e della nostra civiltà cristiana passi su questa nostra faticosa opera, debole perché umana, ma grande nelle sue aspirazioni ideali, e consacri nel cuore del popolo questa legge fondamentale di fraternità e di giustizia, sicché l'Europa e il mondo riconoscano nell'Italia nuova, nella nuova Repubblica, assisa sulla libertà e sulla democrazia, la degna erede e continuatrice della sua civiltà millenaria e universale. (*Vivissimi, prolungati applausi*).

Presidente Terracini. Ha facoltà di parlare l'onorevole Orlando Vittorio Emanuele. (*L'assemblea in piedi applaude lungamente*).

Orlando Vittorio Emanuele. Onorevoli colleghi, non so a che cosa io debba questo onore e questa responsabilità di essere chiamato a parlare, quasi direi di ufficio; d'ufficio, perché non l'ho chiesto, e non l'ho chiesto per una duplice ragione: l'una, contingente, della persistente deficienza dei mezzi miei di comunicazione verbale; l'altra, sostanziale, della immensa gravità, della solennità eccezionale dell'ora. Perdonatemi, quindi, in anticipo, se, per l'una e per l'altra ragione, io sarò (e non è artifizio retorico od oratorio) inferiore a quello che dovrebbe essere il mio compito ed alla vostra aspettazione.

Mi correggo. Ho detto di non sapere a che cosa debba questo onore: indubbiamente lo debbo al titolo della mia maggior vecchiezza. Ma, forse, nel caso presente più che il computo numerico degli anni, può valere a conferirmi questo titolo l'essere io rappresentante estremo delle tre generazioni, che hanno fatto l'Italia. Qui, dunque, vi parlo meno come un collega che come un antenato. E quando, a questo medesimo titolo, inaugurai i lavori dell'Assemblea Costituente, credetti di poter riassumere tutto il mio animo solidale con voi in un augurio, che era anche una benedizione del vecchio. Ora, parlo per concludere, come allora parlai per cominciare. Oggi, noi siamo al vertice dell'opera raggiunta; onde possiamo, guardando sotto di noi, considerare la strada che abbiamo percorsa, e in un certo senso quest'Assemblea può esser fiera del lavoro compiuto, pur attraverso contrasti, pur rasentando precipizi — e l'avvenire dirà se li abbiamo sempre felicemente evitati —, pur trovandoci di fronte a bivi e l'avvenire dirà se sempre abbiamo saputo scegliere la buona strada, ed io auguro che si possa dire che si è scelta la buona.

Per merito di chi? Di tutti: attraverso i dissensi, malgrado i contrasti, ognuno di noi ha contribuito a quest'opera. E vi è solidarietà, unità, anche fra coloro che hanno sostenuto le tesi più diverse e più opposte, perché in ciò sta la bellezza della libertà parlamentare (*Approvazioni*): nella discussione, che è il mezzo più razionale e più elevato per raggiungere quella verità relativa, che agli uomini può essere consentita. Un po' di merito l'abbiamo, dunque, tutti. Ma io non posso insistere su questo punto, perché sarebbe come lodarci da noi stessi. È vero che è cosa che gli uomini politici fanno ed è tollerata; ma, in un'occasione così eccezionale, è meglio prescinderne.

Non posso insistere sui meriti nostri come Assemblea; ma forse è bene, parlando in nome dell'Assemblea, ricordare e additare alla gratitudine nostra coloro che sono stati — direi — il simbolo di questo lavoro, e due al di sopra di tutti.

In primo luogo, quell'uomo a cui ben spetta — e non l'ha chiesto — di trasformare il titolo che gli ricordava la provvisorietà (come, in certi ordini monastici, v'è chi ricorda che si deve morire) il titolo — dico — della provvisorietà in quello effettivo e definitivo di Presidente, il primo Presidente della Repubblica italiana (*Vivissimi, generali applausi*); ed egli è tal uomo da augurare con la più profonda sincerità, con il più sereno ottimismo patriottico che coloro che gli succederanno siano sempre degni di succedergli. (*Applausi*).

Enrico De Nicola appartiene a quella categoria di uomini politici, che ha per sé la vera grandezza, cioè servire per dovere. Alieno (e dalla mentalità parlamentare leggermente degenerata gliene si faceva rimprovero come di un difetto!), alieno dall'aspirare ai poteri, desideroso di mettersi a disposizione se ricercato, modesto sempre, di giusto giudizio, la cooperazione di lui nella formazione di questo atto costituzionale non è nota, ma credo che tutti noi, più che saperla, la sentiamo essere stata assidua, alacre, feconda.

Ad Enrico De Nicola, dunque, innanzi tutto esprimerò i nostri ringraziamenti; e poi a questo nostro Presidente (*L'Assemblea si leva in piedi — Vivissimi, prolungati applausi*) a questo nostro Presidente, che mi ha dato la grande consolazione di infliggermi una solenne smentita. Per sopravalutare questa classe parlamentare cui appartengo — è naturale: io sono l'*homo parlamentaris* per eccellenza! (*Si ride*) — per sopravalutare, dunque, questa classe cui appartengo (e me ne vanto!) io pensavo ed affermavo: badate, se Cicerone dice che *poeta nascitur, orator fit,* per il parlamentare occorrono entrambe queste condizioni: bisogna nascerci, avere la vocazione; ma bisogna poi aver vissuto la vita, avere acquistato l'esperienza. Orbene, questo nostro Presidente mi ha mortificato nel dimostrare che una delle due condizioni non è necessaria: in lui v'è una vocazione formidabile, la quale ha sostituito l'esperienza, perché negli ultimi anni della fortunosa e mirabile sua vita egli non ha potuto più frequentare aule universitarie, non ha più potuto studiare precisamente quei regolamenti e quelle fonti di diritto, da cui si formano poi gli atti costituzionali. (*Applausi generali*).

Egli si è dimostrato veramente straordinario! E quando un momento fa sfilavano le diecine e le centinaia di emendamenti (altro che la «selva selvaggia ed aspra e forte!»), egli ci si muoveva con una padronanza assoluta, aveva presente tutto, sapeva conciliare la fermezza di un'autorità che s'impone con la bonarietà di un collega che trova l'arguzia per comporre un dissenso, un contrasto, che ad altri sarebbe, forse, apparso addirittura insormontabile! Egli è stato veramente un gran Presidente e — direi — un Presidente nato perfetto! (*Vivissimi, generali applausi*).

E così dunque, sotto questi auspici, si è compiuta quest'opera.

Che cosa vale?

Io, tutte le volte che ho parlato, ho dichiarato così frequentemente e così manifestamente una mia diversità di pensare e di sentire a proposito di una legge costituzionale che sarebbe ipocrisia, se ora ad un tratto volessi usare della spugna di Leibnitz e cancellare quelle che erano e sono le mie idee. La verità è che qui sono venute di fronte due diverse maniere di concepire l'intervento del legislatore nel fissare l'ordinamento giuridico di un popolo. Io potrei, per deferenza a voi, dire che il mio punto di vista era quello antico e che il vostro era quello moderno. No, la verità è che così l'uno come l'altro sono antichi quanto l'uomo, antichi quanto il legislatore. Da un lato, si ha l'imposizione di una regola attraverso una volontà consapevole: io comando — dice il legislatore, soprattutto se è dell'ordine costituzionale —, questa mia volontà io la esamino, la concreto diligentemente, me ne rendo conto, metto dalla mia parte tutte le ragioni per cui si possa presumere che si legifera bene; ma, dopo tutto, questa è la mia volontà. Una tale tendenza è antica quanto l'uomo, ed i primi legislatori la loro volontà la fecero passare addirittura per quella di Dio. Dall'altro lato, invece, il diritto viene concepito non come una imposizione dall'esterno, ma come una qualche cosa di organico, che si sviluppa da sé: pianta, che mette nella terra le sue profonde radici, che alimenta il suo tronco, i suoi rami, le sue foglie, anche le più alte, raccogliendo dall'aria, dalla luce, dalla profondità dell'*humus* le ragioni della sua esistenza.

Ecco i due punti di vista in contrasto: concezioni, che non restano nell'astrattezza della teoria, ma si scontrano, si urtano, si contendono nella viva e ardente realtà. Io ho sempre seguito la seconda di queste concezioni, donde il dissenso abbastanza profondo con l'altra parte. Ma, badate, in questo momento, io ben posso di tutto cuore accompagnare quest'atto, che deve reggere la vita collettiva del popolo italiano, con un augurio fiducioso, con un augurio pieno: e ciò, appunto perché quella scuola giuridica, cui appartengo, riconosce che alle leggi si applica larghissimamente il motto che dice che la soma si accomoda per via. E, difatti, è quella stessa forza spontanea, quella forza organica, direi, in certo senso naturale, da cui dipende lo sviluppo delle istituzioni, che opera, se occorre, anche indipendentemente da un testo scritto e lo viene adattando a quelli che sono i veri bisogni storici. Quindi, non mi metto in contraddizione con me stesso, se esprimo questo augurio, pur restando fermo al mio punto di vista. Dopo di che? Ebbene, dopo di che, se già l'ho lodato, torno a lodare il dissenso, il contrasto come il mezzo più idoneo per scoprire la verità o per avvicinarci ad essa il più che sia possibile: verità, come ho detto poc'anzi, naturalmente di un valore del tutto relativo.

Ma da questo momento tutto ciò è finito. Ora, la Costituzione ha avuto la sua consacrazione laica. Essa è al di sopra delle sue discussioni. Noi dobbiamo ad essa obbedienza assoluta, perché io non so concepire nessuna democrazia e nessuna libertà se non sotto forma di obbedienza alle leggi, che un popolo libero si è date. (*Applausi*).

E un auspicio si può trarre, oggi, dalla coincidenza, per cui la Costituzione entra in vigore il primo dell'anno, che compie il centenario del 1848. Vedete se era retorica la mia quando vi dicevo or ora di sentirmi di tanto inferiore al compito, perché in questo momento occorrerebbe — come si dice che avvenga agli asfittici, i quali, nell'attimo che passa fra la preagonia e la morte, vedrebbero sfilare rapidamente tutta la loro vita — occorrerebbe vedere sfilare qui, in una visione complessiva, totale, sintetica, un secolo intero. Il sorgere di questo secolo vide l'Italia divisa ed il tramonto di esso è sembrato che dovesse ancora vederla divisa; ma il popolo italiano ha resistito alla immane bufera, ed abbiamo superato questo punto. Vedete, questo nuovo centenario comincia con un'affermazione superba. L'Italia ha ormai passato la sua prova. L'Italia, a cui si poteva rimproverare, e non per colpa sua, la brevità della sua vita nazionale, ora ha attraversato le più tremende vicende; e se le ha superate, è stato perché da sé sola, con le proprie intime forze, ha rimediato a tutti i guai ed a tutte le ingiustizie sofferte. (*Applausi*).

Un nuovo centenario comincia. Voi comprendete il fervore dell'augurio di questo vecchio. Che cosa ci riserba l'avvenire? Che cosa ci riserba il mondo? Io sono convinto — nel campo scientifico, non politico — (e non lo dico ora; l'ho già detto in scritti precedenti) che questa rivoluzione non è — mi si permetta la espressione — una rivoluzione di ordinaria amministrazione; non è una semplice rivoluzione, per cui una Repubblica succeda ad una monarchia od una monarchia succeda ad una Repubblica; non è la formazione di uno Stato o la separazione di uno Stato da un altro o il dissolvimento di uno Stato in una pluralità di Stati: insomma, non è una delle tante rivoluzioni, attraverso cui l'umanità è progredita. No, qui è un'era che succede ad un'altra; è un tipo di Stato che si sovrappone ad un altro. Fino ad oggi abbiamo innanzi agli occhi lo Stato nazionale, originato nel secolo XVI, subito dopo il medio evo, sulla base della sovranità esclusiva, dei rapporti interni, dei rapporti internazionali: abbiamo, dunque, una comunità di Stati senza che fra essi esista un vero e proprio coordinamento giuridico. Ora, per effetto di questa tremenda rivoluzione che stiamo attraversando, questo tipo di Stato va a tramontare; e vi si sostituirà una forma di superstrato. Quale? Non si fa l'indovino nella storia. Tante incognite pendono: a crearlo sarà la forza o sarà l'accordo o sarà qualche cosa tra l'uno e l'altra? E sarà esso in un senso continentale o sarà in un senso razziale? Chi potrebbe dirlo? Misteri della storia futura!

Di fronte a questo nuovo tipo di Stato che sorge l'Italia è preparata a tutti i sacrifici, anche a quello della orgogliosa affermazione della sovranità assoluta; ma — sia detto ben alto! — ad una sola condizione: alla condizione, cioè, che questi limiti debbano valere pure per gli altri, per tutti gli altri. Ed allora, che sarà di questo nostro attaccamento a questo Paese nostro? A me ha potuto bastare di amare l'Italia; forse a voi occorrerà un'altra forma di attaccamento. V'è già chi dice: «Io mi sento europeo»; un altro: «mi sento africano»; un altro: «mi sento asiatico»; un altro: «mi sento slavo, anglosassone, germanico». Qualcuno arriva perfino a dire: «mi sento cittadino del mondo». Ma tutto ciò è prematuro.

Orbene, anche quando questi destini che oggi si annunciano si compiranno, il nuovo sentimento, che potrà nascere, non sopprimerà l'antico; ed è questo il lato, direi, mistico di questa evoluzione creatrice dell'umanità. Della umanità la prima cellula fu la famiglia; ma lo sviluppo dell'evoluzione, che ha ridotto la famiglia ad una cellula contenuta in una forma associativa, quale lo Stato, tanto più diffusa, tanto più complessa, incomparabilmente più estesa, ha forse soppresso l'attaccamento alla famiglia? Si può dire che il sentimento, l'affetto come padre o come fratello sia oggi minore di quello che sentivano gli antichi romani, che mandavano a morte i loro figli e ne traevano anche vanto? Allorché la famiglia si estese e si complicò in forma di comunione, di villaggio, l'attaccamento ad essa forse venne meno? E quando si arrivò alla città, si attenuò questo sentimento? E quando lo sviluppo dello Stato feudale, riunendo in un tutto campagne e città, creò la terra che ora si chiama regione, forse quell'attaccamento nostro si spense? Ed, oggi, il mio attaccamento per la Sicilia si frappone, forse, a quello per l'Italia, o non piuttosto lo ingigantisce? Questo ho voluto dire, perché, quali che siano gli eventi futuri, l'amore e la devozione verso la Madre di ogni vita, questa antica, gloriosa, veneranda Italia, questi sentimenti non verranno mai meno; e dagli stessi contrasti potranno, anzi, esser resi più intensi. Onde, se io, vecchio, posso morire col nome di Italia sulle labbra, voi, giovani, — ce ne siete qui tanti — potrete, un giorno, avvertire altri sentimenti di adesione, di attaccamento, di amore per una qualche assai più ampia forma di vita statale; ma anche allora, voi vi sentirete italiani, come questo vecchio, anche allora amerete questa Madre comune, e sarete appassionatamente, fieramente italiani.

Ed è in questo pensiero che io concludo, rivolgendo un appello, che, al di sopra dei dissensi e dei conflitti quotidiani, tutti ci congiunga in un sentimento ed in un nome: Viva l'Italia! Dio salvi l'Italia! (*Vivissimi, generali, prolungati applausi*).

Presidente Terracini. A conclusione di questa seduta, che ha avuto contenuto e significato del tutto particolari, diamo immediatamente lettura, per la sua approvazione, del relativo processo verbale.

Mattei Teresa, *Segretaria*, legge il processo verbale della seduta.

Zagari. Chiedo di parlare.

Presidente Terracini. Ne ha facoltà.

Zagari. Poiché, per ragioni indipendenti dalla mia volontà, non ho potuto partecipare alla votazione finale della Costituzione, dichiaro che, se fossi stato presente, avrei votato a favore.

(*Il processo verbale è approvato — Vivissimi, prolungati applausi*).

Postfazione

La partitocrazia e il possibile declino del Paese

Il sistema dei partiti nati con la Costituzione Italiana e da essi discendenti, dalla fine della ricostruzione postbellica in poi, per l'uniformità e la continuità ininterrotta dell'atteggiamento tenuto, di sempre più scarso interesse vuoi per il perseguimento del bene della collettività o vuoi per la corretta amministrazione dello Stato, ha finito per connaturarsi in un irreversibile regime autoreferenziale, chiamato "partitocrazia".

Questo regime, sommariamente qualificabile come semi democratico (o semidittatoriale per altri), nonostante sia stato l'asse determinante di tutta la nostra storia politica, è rimasto misconosciuto all'opinione pubblica, fatte salve sue piccolissime aree d'élite culturale. Tant'è che tutti ci viviamo dentro con la stessa naturalezza con cui respiriamo l'aria che ci circonda.

Non è da stupirsi, dunque, se fino a poco tempo fa nessuna forza politica della cosiddetta opposizione, estrema o meno, dentro e fuori il parlamento, e nessun movimento di intellettuali, d'avanguardia o no, lo abbiano mai seriamente denunziato o ne abbiano tentato il superamento.

A questi ultimi, piuttosto, non può essere risparmiata la grave accusa di essersi facilmente piegati ai dettati postbellici geopolitici e ideologici, e di conseguenza anche a quelli politici nazionali. Infatti hanno declinato la "partitocrazia", all'opinione pubblica, come un'efficace succedanea della "democrazia costituzionale", della quale, hanno fatto intendere, è stato solo capovolto il tragitto politico, mantenendo lo stesso obiettivo: il benessere della collettività. Sono riusciti con ciò nell'artificio magico di capovolgere un bicchiere colmo di vino, conservandone il contenuto.

In realtà, la democrazia costituzionale impone ai partiti politici, in quanto riconosciuti quali unici strumenti allo scopo, l'obiettivo primo e inderogabile di perseguire il benessere della collettività, affinché da esso possano essere soddisfatti i legittimi interessi di quanti più possibili cittadini.
Laddove, la partitocrazia, partendo dall'importante ruolo assegnato dalla Costituzione ai partiti politici, li assume collegialmente come fossero tanti "partiti Stato", i quali, usando la mirabile virtù democratica della mediazione, coniugheranno i loro interessi primari acciocché possano, successivamente, raggiungere anche il benessere della collettività.

E questo modo inculturale di considerare i suddetti obiettivi costituzionali è valso anche per i presidenti della repubblica, massimi custodi della democrazia costituzionale, che, evidentemente disaccorti, non sono mai intervenuti per correggerlo.

Quali sono i segni visibili della partitocrazia?

I partiti, avvicendatisi al governo del paese dal 1° gennaio del '48, non hanno mai voluto fare conoscere la nuova Costituzione Italiana nei suoi effettivi valori, costituiti di un ristretto e ineludibile patrimonio di principi (sono dodici i "Principi Fondamentali") e fini. Ne è prova inconfutabile che non ne hanno mai disposto il suo insegnamento organico nelle scuole.

Tutti loro, sia di maggioranza sia di opposizione, a ogni tornata elettorale non hanno mai riconosciuto ai cittadini il diritto basilare della democrazia costituzionale: essere messi, in occasione della campagna elettorale, in condizione di fare una scelta binaria (on/off) consapevole e libera —La scelta è veramente libera solo quando la si esercita su opzioni positive e non quando si è costretti a scegliere quella meno peggio.- e che ne sia tenuto in considerazione il merito, qualunque essa sia. Fatte salve le automatiche conseguenze aritmetiche dei voti sulla formazione del parlamento.

Nessun partito ha mai dato all'elettore la possibilità di conferire il proprio mandato elettorale di rappresentanza parlamentare al partito e al suo candidato dopo avere letto e approvato l'intellegibile progetto programmatico di legislatura (quinquennale), dove sia stato tracciato il proprio futuro, perché nessuno lo ha mai redatto.

I partiti hanno sempre presentato solo slogan elettorali (titoli d'inconsistenti disegni politici) o libri di sogni e hanno richiesto di fatto un mandato parlamentare fiduciario in bianco per se stessi e i loro candidati, ovverosia un mandato di solo potere. Anzi, hanno richiamato gli elettori al dovere democratico di votare sempre e comunque: magari “il meno peggio”. E in nome del mancato dovere non hanno mai voluto riconoscere alcuna dignità politica al loro non voto (non scelta), anche quando è di dimensioni significative. Cosicché è passato sotto silenzio il fatto che il parlamento rappresenti solo la minoranza dei cittadini aventi diritto di voto.

Tutto ciò è la prova inconfutabile di quale sia sempre stato il loro primo e precipuo interesse elettorale: raccogliere più consensi possibili per avere maggiore peso nelle alleanze di governo. Mai preoccupandosi della mancanza totale di un preordinato e concordato progetto programmatico di legislatura.

Queste alleanze di governo, pertanto, mancano dell’unico collante capace di tenere legati insieme i contraenti. Così, giuoco forza, vanno incontro prima o poi all’implosione (quasi tutte) per la conflittualità tra i loro diversi interessi di parte. E così è stato.

E’ questa la causa prima, e la sola, della caducità tipica dei governi italiani, che il paese continua a subire, che dai partiti e dai media, invece, viene strumentalmente attribuita all’inefficacia delle loro stesse leggi elettorali (e sono state diverse). Di quest’ultime va citato il paradossale effetto che hanno più frequentemente sortito: la sconfitta delle maggioranze che l'avevano strumentalmente approvate.

L’attuale “crisi del sistema paese”, così grave da esporlo al pericolo di estreme conseguenze sociali, è l’epilogo inevitabile (e incontestabile) di un paese che per essere sempre rimasto “governato” dalla partitocrazia che l’ha generata, non ne può più uscire. Nonostante si tratti di un paese entrato il nel ristretto gruppo mondiale dei G7, grazie al suo elevato capitale umano.

Come e perché s'è instaurata la partitocrazia?

La partitocrazia s'instaurò subito dopo la nascita della Costituzione come succedanea della suo progetto di democrazia, del quale osservava l'architettura istituzionale, mentre ne sostituiva i fini inderogabili con gli interessi geopolitici dell'URSS e degli USA -erano stati gli USA, peraltro, ad avere imposto l'istituzione nel paese di una repubblica costituzionale liberale-. Interessi che erano incontrastabili perché propri delle nazioni che ci avevano sconfitto nel secondo conflitto mondiale.

In questo contesto fatto di un paese sconfitto militarmente e con una classe politica in sudditanza dei vincitori, di una società in nessun modo sensibilizzata a recepire un'avanzata costituzione democratica e priva di una vera e autonoma borghesia intellettuale, fu possibile il facile instaurarsi degli interessi autoreferenziali dei partiti, infilatesi in coda a quelli geopolitici.
Interessi che si accentravano sul sempre crescente patrimonio economico del nuovo Stato, destinato per l'impegno lavorativo dei suoi cittadini a diventare il maggiore soggetto economico della nazione.

Il comune interesse per questo patrimonio è stato, da una parte, il collante sempre solidale degli intenti di fondo della partitocrazia, e, dall'altra, il detonatore delle sue lotte intestine per padroneggiarne quanto più possibile le risorse.

Quali sono stati e sono i fattori di continuità della partitocrazia?

Il primo e più importante è consistito nel fatto che i cittadini siano riusciti a conservare la pace sociale, grazie alla loro capacità di sapersi trovare (da soli) spazio di lavoro e possibilità di discreta sopravvivenza a traino della crescita economica mondiale. Di fatto, con ciò hanno cronicamente compensato sia le carenze progettuali e programmatiche della politica sia quelle democratiche della partitocrazia.

Il secondo fattore è consistito nel conformismo plaudente della classe intellettuale -almeno di quella buona parte che vive nel suo perimetro- a sostegno dei partiti e delle loro malriposte intenzioni politiche, sempre prezioso nel procacciare loro sufficienti messi d'ingiustificati consensi.

Il terzo fattore è consistito nel ruolo servizievolmente acritico del sistema italiano d'informazione politica, in funzione di seconda spalla (assieme alla classe intellettuale) dei partiti della partitocrazia, necessario per anestetizzare l'opinione pubblica (e in particolare il suo ceto medio), per non farle notare le sue abitudinarie scorribande politiche e costituzionali. Nel tempo mentre il primo fattore è andato a indebolirsi, il secondo e terzo sono andati in crescendo.

Per quanto tempo ancora potranno agire i fattori di continuità della partitocrazia?

La crisi economica-finanziaria del mondo globalizzato del 2008, abbattutasi su un paese già critico di suo, ha incrinato definitivamente il principale pilastro di sostegno della partitocrazia: la stabilità sociale nonostante tutto, come s'è detto. Essa si può dire che abbia risparmiato il nostro sistema economico, perché non compromesso direttamente nello scoppio delle bolle finanziarie, ma il suo effetto depressivo mondiale ha fatto vacillare le strutture non solide del nostro sistema sociale e istituzionale, slatentizzando la preesistente condizione di crisi totale del paese.

A questo punto, tantissimi cittadini hanno percepito la pericolosità della situazione e ne hanno attribuito la responsabilità ai partiti di diverso colore alternatasi al governo, non riuscendo ancora a individuare nel loro agire un'azione di sistema. Ovverosia, non riuscivano ad attribuirne le responsabilità alla partitocrazia: ancora non la vedevano.

Comunque, hanno reagito portando alla maggioranza relativa parlamentare, seppur giovanissime, quelle forze politiche dichiaratasi (per l'appunto) antisistema dei partiti storici, dalle altre forze strumentalmente denunziate di essere antisistema istituzionale. La loro reazione è stata l'indubbia prova di una maturità democratica sconosciuta alla classe politica tradizionale e che non abbiamo visto nei mesi scorsi nella vicina Francia.

Questo è segno, deliberatamente disconosciuto dai media, dell'iniziato processo di spartitocrazzizazione (ne chiedo licenza) della politica italiana, che per procedere nella giusta direzione deve evolvere verso una netta presa di coscienza.

Credo che questa sia l'unica via per salvare il paese avviato verso il declino.

Nota di edizione

Questo libro

La Gran Bretagna, leader delle democrazie occidentali, è riuscita a conquistare la sua *Magna Charta*. Ma non è mai riuscita a produrre una Costituzione. L'Italia all'indomani della Seconda guerra mondiale si dota di una delle Costituzioni più moderne e meditate dell'Occidente, con la confluenza dei due pensieri, quello cattolico-liberale e quello socialista-comunista. Giunti alla Terza Repubblica, rimeditare attorno al significato della Costituzione e al suo valore è non solo necessario ma vitale.

“La nostra Costituzione ha tutti gli attributi necessari per essere riconosciuta come la compiuta espressione di una nuova ideologia”.

L'autore

Gaetano Sgalambro, nato a Lentini nel 1939, diplomatosi al Liceo classico Gorgia a Lentini, poi laureatosi in medicina e specializzatosi in cardiologia presso l'Università di Catania. Ha esercitato come cardiologo ospedaliero nell'equipe del prof. F. Barbaresi. Vive a Legnago. Ha scritto per diversi blog, scrive per *Girodivite*.

Le edizioni ZeroBook

Le edizioni ZeroBook nascono nel 2003 a fianco delle attività di www.girodivite.it. Il claim è: "un'altra editoria è possibile". ZeroBook è una piccola casa editrice attiva soprattutto (ma non solo) nel campo dell'editoriale digitale e nella libera circolazione dei saperi e delle conoscenze.

Quanti sono interessati, possono contattarci via email: zerobook@girodivite.it

O visitare le pagine su: https://www.girodivite.it/-ZeroBook-.html

Ultimi volumi:

Lentini nell'Italia repubblicana / di Ferinando Leonzio (ebook ISBN 978-88-6711-161-9, book ISBN 978-88-6711-162-6)

La diaspora democristiana / di Ferdinando Leonzio (ISBN 978-88-6711-157-2)

Emma Swan e l'eredità di Adele Filò / di Simona Urso (ISBN 978-88-6711-153-4)

Otello Marilli / di Ferdinando Leonzio (ISBN 978-88-6711-155-8)

Dizionario politico-sociale di Nova Milanese : Passato e presente / Adriano Todaro (ISBN 978-88-6711-151-0)

Autobianchi : vita e morte di una fabbrica / di Adriano Todaro prefazione di Diego Novelli (ISBN 978-88-6711-141-1)

Sei parole sui fumetti / di Ferdinando Leonzio (ISBN 978-88-6711-139-8)

Sotto perlaceo cielo : mito e memoria nell'opera di Francesco Pennisi / di Luca Boggio (ISBN 978-88-6711-129-9)

Celluloide : storie personaggi recensioni e curiosità cinematografiche / a cura di Piero Buscemi (ISBN 978-88-6711-123-7)

Accanto ad un bicchiere di vino : antologia della poesia da Li Po a Rino Gaetano / a cura di Piero Buscemi (ISBN 978-88-6711-107-7, 978-88-6711-108-4)

Il cronoWeb / a cura di Sergio Failla (ISBN 978-88-6711-097-1)

L'isola dei cani / di Piero Buscemi (ISBN 978-88-6711-037-7)

Saggistica:

I Sessantotto di Sicilia / Pina La Villa, Sergio Failla (ISBN 978-88-6711-067-4)

Il Sessantotto dei giovani leoni / Sergio Failla (ISBN 978-88-6711-069-8)

Antenati: per una storia delle letterature europee: volume primo: dalle origini al Trecento / di Sandro Letta (ISBN 978-88-6711-101-5)

Antenati: per una storia delle letterature europee: volume secondo: dal Quattrocento all'Ottocento / di Sandro Letta (ISBN 978-88-6711-103-9)

Antenati: per una storia delle letterature europee: volume terzo: dal Novecento al Ventunesimo secolo / di Sandro Letta (ISBN 978-88-6711-105-3)

Il cronoWeb / a cura di Sergio Failla (ISBN 978-88-6711-097-1)

Il prima e il Mentre del Web / di Victor Kusak (ISBN 978-88-6711-098-8)

Col volto reclinato sulla sinistra / di Orazio Leotta (ISBN 978-88-6711-023-0)

Il torto del recensore / di Victor Kusak (ISBN 978-6711-051-3)

Elle come leggere / di Pina La Villa (ISBN 978-88-6711-029-2

Segnali di fumo / di Pina La Villa (ISBN 978-88-6711-035-3)

Musica rebelde / di Victor Kusak (ISBN 978-88-6711-025-4)

Il design negli anni Sessanta / di Barbara Failla

Maledetti toscani / di Sandro Letta (ISBN 978-88-6711-053-7)

Socrate al caffé / di Pina La Villa (ISBN 978-88-6711-027-8)

Le tre persone di Pier Vittorio Tondelli / di Alessandra L. Ximenes (ISBN 978-88-6711-047-6)

Del mondo come presenza / di Maria Carla Cunsolo (ISBN 978-88-6711-017-9)

Stanislavskij: il sistema della verità e della menzogna / di Barbara Failla (ISBN 978-88-6711-021-6)

Quando informazione è partecipazione? / di Lorenzo Misuraca (ISBN 978-88-6711-041-4)

L'isola che naviga: per una storia del web in Sicilia / di Sergio Failla

Lo snodo della rete / di Tano Rizza (ISBN 978-88-6711-033-9)

Comunicazioni sonore / di Tano Rizza (ISBN 978-88-6711-013-1)

Radio Alice, Bologna 1977 / di Lorenzo Misuraca (ISBN 978-88-6711-043-8)

L'intelligenza collettiva di Pierre Lévy / di Tano Rizza (ISBN 978-88-6711-031-5)

I ragazzi sono in giro / a cura di Sergio Failla (ISBN 978-88-6711-011-7)

Proverbi siciliani / a cura di Fabio Pulvirenti (ISBN 978-88-6711-015-5)

Parole rubate / redazione Girodivite-ZeroBook (ISBN 978-88-6711-109-1)

Accanto ad un bicchiere di vino : antologia della poesia da Li Po a Rino Gaetano / a cura di Piero Buscemi (ISBN 978-88-6711-107-7, 978-88-6711-108-4)

Neuroni in fuga / Adriano Todaro (ISBN 978-88-6711-111-4)

Celluloide : storie personaggi recensioni e curiosità cinematografiche / a cura di Piero Buscemi (ISBN 978-88-6711-123-7)

Sotto perlaceo cielo : mito e memoria nell'opera di Francesco Pennisi / di Luca Boggio (ISBN 978-88-6711-129-9)

Per una bibliografia sul Settantasette / Marta F. Di Stefano (ISBN 978-88-6711-131-2)

Iolanda Crimi : un libro, una storia, la Storia / di Pina La Villa (ISBN 978-88-6711-135-0)

Autobianchi : vita e morte di una fabbrica / di Adriano Todaro prefazione di Diego Novelli (ISBN 978-88-6711-141-1)

Dizionario politico-sociale di Nova Milanese : Passato e presente / Adriano Todaro (ISBN 978-88-6711-151-0)

Narrativa:

L'isola dei cani / di Piero Buscemi (ISBN 978-88-6711-037-7)

L'anno delle tredici lune / di Sandro Letta (ISBN 978-88-6711-019-3)

Emma Swan e l'eredità di Adele Filò / di Simona Urso (ISBN 978-88-6711-153-4)

Poesia:

Iridea / poesie di Alice Molino, foto di Piero Buscemi (ISBN 978-88-6711-159-6)

Il libro dei piccoli rifiuti molesti / di Victor Kusak (ISBN 978-88-6711-063-6)

L'isola ed altre catastrofi (2000-2010) di Sandro Letta (ISBN 978-88-6711-059-9)

La mancanza dei frigoriferi (1996-1997) / di Sergio Failla (ISBN 978-88-6711-057-5)

Stanze d'uomini e sole (1986-1996) / di Sergio Failla (ISBN 978-88-6711-039-1)

Fragma (1978-1983) / di Sergio Failla (ISBN 978-88-6711-093-3)

Raccolta differenziata n°5 : poesie 2016-2018 / di Victor Kusak (ISBN 978-88-6711-149-7)

Libri fotografici:

I ragni di Praha / di Sergio Failla (ISBN 978-88-6711-049-0)

Transiti / di Victor Kusak (ISBN 978-88-6711-055-1)

Ventimetri / di Victor Kusak (ISBN 978-88-6711-095-7)

Visioni d'Europa / di Benjamin Mino, 3 volumi (ISBN 978-88-6711-143_8)

Opere di Ferdinando Leonzio:

Una storia socialista : Lentini 1956-2000 / di Ferdinando Leonzio (ISBN 978-88-6711-125-1)

Lentini 1892-1956 : Vicende politiche / di Ferdinando Leonzio (ISBN 978-88-6711-138-1)

Segretari e leader del socialismo italiano / di Ferdinando Leonzio (ISBN 978-88-6711-113-8)

Breve storia della socialdemocrazia slovacca / di Ferdinando Leonzio (ISBN 978-88-6711-115-2)

Donne del socialismo / di Ferdinando Leonzio (ISBN 978-88-6711-117-6)

La diaspora del socialismo italiano / di Ferdinando Leonzio (ISBN 978-88-6711-119-0)

Cento gocce di vita / di Ferdinando Leonzio (ISBN 978-88-6711-121-3)

La diaspora del comunismo italiano / di Ferdinando Leonzio (ISBN 978-88-6711-127-5)

Sei parole sui fumetti / di Ferdinando Leonzio (ISBN 978-88-6711-139-8)

Otello Marilli / di Ferdinando Leonzio (ISBN 978-88-6711-155-8)

La diaspora democristiana / di Ferdinando Leonzio (ISBN 978-88-6711-157-2)

Lentini nell'Italia repubblicana / di Ferinando Leonzio (ebook ISBN 978-88-6711-161-9, book ISBN 978-88-6711-162-6)

Parole rubate:

Scritti per Gianni Giuffrida: La nuova gestione unitaria dell'attività ispettiva: L'Ispettorato Nazionale del Lavoro / di Cristina Giuffrida (ISBN 978-88-6711-133-6)

Cataloghi:

ZeroBook: catalogo dei libri e delle idee 2019

ZeroBook: catalogo dei libri e delle idee 2018

ZeroBook: catalogo dei libri e delle idee 2017

ZeroBook: catalogo dei libri e delle idee 2016

ZeroBook: catalogo dei libri e delle idee 2015

ZeroBook: catalogo dei libri e delle idee 2012

Catalogo ZeroBook 2007

Catalogo ZeroBook 2006

Riviste:

Post/teca, antologia del meglio e del peggio del web italiano

ISSN 2282-2437

https://www.girodivite.it/-Post-teca-.html

Girodivite, segnali dalle città invisibili

ISSN 1970-7061

https://www.girodivite.it

https://www.girodivite.it

ZeroBook catalogo delle idee e dei libri

bimestrale

https://www.girodivite.it/-ZeroBook-free-catalogo-puoi-.html

www.ingramcontent.com/pod-product-compliance
Ingram Content Group UK Ltd.
Pitfield, Milton Keynes, MK11 3LW, UK
UKHW021821190726
13853UKWH00003B/1100